KB239262

신비·마법·환상의 유니버설

타로 카드

The Universal Tarot Cards

막스웰 밀러 지음 / 박재권 옮김

1999
당그래출판사

THE UNIVERSAL TAROT by Maxwell Miller
copyright © Maxwell Miller 1995
All rights reserved.
Korean Translation copyright © 1999
by Dangre Publishing House
The Korea translation rights arranged with
Findhorn Press
through Eric Yang Agency, Seoul, Korea.

본 저작물의 저작권은 에릭양 에이전시를 통한
Findhorn Press사와의 독점계약으로 '당그래출판사'가 소유합니다.
국제제작권법에 의하여 보호를 받는 저작물로
이 책의 내용과 카드 그림의 무단전재와 무단복제를 금합니다.

The Universal
Tarot Cards

● 지은이 / 막스웰 밀러(*Maxwell Miller*)

스코틀랜드 출생. 20년 이상 타로를 연구했다. 아시아 각지를 돌아다니며 다양한 문화와 사상을 섭렵했고, 여기서 방대한 지식과 교훈을 얻었다. 80년대에는 주로 서유럽 지역에서 전위예술가와 음악가로 활동했고, 네덜란드·독일·프랑스·헝가리·러시아·인도에서 방송에 출현하기도 했다. 91년에는 영국의 지방 도시인 다트무어에서 은거하며, 자신이 갖고 있던 모든 경험과 지식과 사상을 총동원해 유니버설 타로를 만들어 냈다. 유니버설 타로는 96년 3월 영국에서 처음 발간된 뒤 대단한 호평을 받았고, 그후 미국에서도 발간되었다. 지금은 그의 책이 독일어·스페인어로도 번역 출판된 상태이다. 세상에는 수많은 타로 카드가 있지만, 그 중 막스웰 밀러의 유니버설 타로 카드가 가장 충실하고 완벽하다는 평을 받고 있다.

● 옮긴이 / 박재권(朴在權)

64년 충북 청원에서 태어났고, 서울대 사회교육과와 대학원 외교학과를 졸업했음. <시사저널> 사회팀·국제팀을 거쳐, 경제팀에서 기자로 일했고, <디지털타임스> 편집국 경제부 부장으로 일했다.

서 문

이 책의 목적은 미로같이 복잡한 현대 타로 카드의 세계로 여러분을 안내하는 데 있다. 이 책에 담긴 정보는 타로 전반에 적용될 수 있으며, 아주 구체적으로는 유니버설 타로를 펼쳐보게 하는데 목적이 있다. 유니버설 타로는 제각기 떨어져 있는 철학적, 신화적 이미지를 하나로 통합해 모든 사람들에게 확신과 신념을 심어주려는 목적을 갖고 있는 현대적 타로이다.

타로는 명상하는데, 또는 지적인 분석을 즐기는데 사용될 수 있다. 이것은 다양한 종교와 신념 체계를 비교 연구하는데 풍부한 토대를 마련해 줄 수 있다. 그러나 타로 카드의 가장 일반적인 사용처는 점치는 것이다. 따라서 이 책은 모든 카드를 아주 포괄적이고도 상세하게 설명해 놓았음은 물론 점괘를 읽는 방식까지 덧붙였다.

타로 카드의 구조와 내용에는 놀랄 만한 아름다움과 절묘함이 담겨 있다. 나는 이 책이 그런 아름다움을 돋보이게 할 수 있기를 소망한다. 또 카드를 처음 접하는 사람들이 따뜻함과 놀라움을 발견할 수 있기를 기대한다. 이미 타로 카드에 익숙한 사람들에게도 새로운 활력과 지혜를 나누어줄 수 있기를 바란다.

Maxwell Miller

마이너 카드(*Minor Arcana*)

메이저 카드(*Maior Arcana*)

타로의 기원과 발전

    고대에는 신비한 경로, 정신적 계율, 성서, 신비한 전통이 대거 양산되었다. 이 가운데 네 가지, 즉 점성술·신비 철학·연금술·타로가 네 가지 원형적 요소인 공기·흙·불·물에 대응한다고 생각된다. 대단히 논리적이며 직선적 과학인 점성술은 공기가 상징하는 합리적인 세계를 나타낸다. 신비 철학은 흙의 경로를 나타내고, 그 핵심 원리 중 하나가 '생명의 나무'(Tree of Life)[1]에서 이루어지는 하늘과 땅 사이의 운동이다. 연금술은 불의 창조적 속성이 지배하고, 창조 과정에 흠뻑 빠져있다. 그밖에 물은 꿈같은 무의식의 이미지를 갖고 있고, 타로는 우리의 직관에 직접 호소하는 성서이다. 타로가 신비한 체계로서 풍부한 내용을 담고 있다는 것은, 수

---

[1] 생명의 기원, 세계의 구조, 인류의 발생에 관한 사상과 관념을 나무의 뿌리·줄기·가지 등으로 상징한 것. 세계수(世界樹)라고도 한다. 생명의 나무 사상은 옛날부터 메소포타미아·이집트·이란·북유럽으로부터 아시아·아프리카에 이르는 여러 민족의 민간신앙이나 신화와 전승(傳承) 속에서 널리 찾아 볼 수 있다. 그리스도교 미술에 있어서의 생명의 나무는 구약성서의 《창세기》 2장 9절을 전거(典據)로 하여, 선악을 알게 하는 나무와 나란히 낙원의 중앙에 서 있는 나무로서 아담과 하와가 나타나는 그림속에 자주 그려진다. 생명의 나무만을 독립시켜 그린 그림에는 그리스도가 못박힌 나무줄기에서 12 가지를 뻗어나게 하여 그 가지에 잎과 같이 48개의 메다용(médaillon)을 걸고 거기에 그리스도의 생애와 사적을 도시(圖示)해 놓았다. 고대 중국의 무늬나 그림에도 큰 나무를 중심으로 새와 짐승 등의 상(象)을 좌우에 배열한 모티프를 발견하게 되는 것은 흥미롭다. 이슬람교에 있어서도 낙원의 중앙에 있는 나무가 생명의 나무다.

세기 동안 다양한 문화적 환경에 쉽게 적응해 왔고, 연금술·점성술 같은 다양한 시스템을 흡수·통합하면서도 자기의 고유함을 잃지 않은 데서 쉽게 찾을 수 있다.

타로는 살아 숨 쉬는 성서이다. 기원이 알려져 있지 않고, 미래에 어떻게 될 지도 알 수가 없다. 적응·변화·성장하면서도 모든 것을 포용하는 완벽한 철학 체제를 지금껏 유지하고 있기 때문에, 앞으로 어떻게 변할 지 알 수 없다.

15세기 이탈리아와 고대 이집트, 인도의 학자들이 타로의 뿌리를 캐기 위해 다양한 노력을 펼쳤다. 이 같은 학문적 추정 작업이 가치 있는 일인지는 논란거리이다. 그러나 타로가 언제 처음 만들어졌든, 당시에는 '잠재의식' '무의식' '정신' '좌뇌/우뇌' 같은 용어가 없었기에 그림으로 더 많은 내용을 전달해야만 했다. 그리고 문자보다 그림을 선호했던 것으로 보아 동양에서 유래한 것으로 보인다. 서유럽에서 이런 그림에 해당하는 것은 그리스도가 살면서 겪은 수난을 나타낸 14개의 상(像)이다. 사도는 이런 사건들에 관해 명상하고 주 예수는 사도 속으로 들어가곤 한다. 타로 카드도 비슷하게 운영된다. 타로의 정식적 에너지가 우리의 내면 깊숙이 파고든다. 타로의 메시지는 그림으로 표현되어 있어서 편협한 도그마에 빠질 위험이 그만큼 작다.

타로가 철학 체계이자 성서로서 성공을 거둘 수 있었던 것은 해석의 유연성과 개방성, 사상의 깊이 때문이다. 타로의 그림들은 시간·문화를 뛰어넘어 보편적으로 이해된다. 우주·죽음·연인들·악마·윤회 같은 주제가 모두 타로에 들어 있다. 이것은 사회·문화·인종·종교의 장벽을 뛰어 넘나들고 있기 때문이다.

현대의 카드놀이는 확실히 타로와 기원이 같다. 비록 그것들이 4개 조(組)와 궁중 카드, 조커(Fool)밖에 없다고 하더라도 마찬가지다. 가장 오래된 것으로 알려진 타로 카드는 모두 르네상스 시대에 이탈리아에서 그려졌고, 거기에는 오늘날 우리가 아는 것처럼 22개의 주요 트럼프가 들어 있었다. 이것이 '비스콘티' 카드로 널리 알려져 있다. 동시대의 심미적 가치를 반영하는 전통 탓에, 이 카드와 나중에 이를 본떠 만든 다른 카드는 기독교적 이미지를 강하게 띠고 있다. 그러나 교회와 거리가 먼 그림이 몇 개 있는데, 이것은 이교도적 뿌리가 많다는 것을 암시한다. 교회는 전래 종교를 독실하게 믿는 농민들을 꾀어내고 구슬리기 위해 그림에 교회 건물과 이교도적 이미지를 배합했다. 이 때문에 카드에는 '교황' '최후의 심판'과 함께 기독교 이전 시기의 신비한 그림들이 들어 있다.

최초의 카드로 알려진 타로 카드는, 유럽에서 발견된 뒤 3백~4백년 동안 대중들에게 인기 있던 시기와 이름도 없던 시기를 번갈아 경험했다. 18세기 말경에 프랑스의 안토닉 쿠르 드 게벨린(Antonic Court de Gebelin), 엘리파 레비(Eliphas Levi), 파퓌(Papus) 등이 카드의 기원과 의미에 관해 논쟁을 벌이고 자신들의 해석과 주장을 제시했다. 하지만 19세기 말~20세기 초에 들어와서는 모든 문제에 대해 마술적·초자연적·신비주의적인 관심이 비약적으로 증가했다. 많은 새로운 정보가 카드에 포함되었고, 특히 점성술과 신비 철학적인 정보가 많이 포함되었다. 특히 '황금 새벽의 질서2)'라는 마술 단체는 타로 카드, 심지어 '마이너 아르카나'에 황도십이궁(黃道十二宮)3)을 연결해주는 역할을 했다. 이들 간의 분명한 연계 관계가 신비한 '생명의 나무'에서 확인된다. 생명의 나무 가지 10개는 마이너 아르카나의 10군데 위치를 나타내고, 22가지 경로는 22개의 메이저 아르카나 트럼프에 반영되어 있다. 이것은 이제 보편적으로 받아들여지는 표준이 되었다. 물론 (원래의 순수

---

2) 신비스럽고도 형이상학적인 지식을 탐구하던 비밀단체.
3) 지구에서 보아, 태양이 지구를 중심으로 운행하는 것처럼 보이는 12개의 별자리.

한 형태가 어땠는지는 아무도 모른다고 주장하는) '순수파'가 있기
는 하지만.

　백년 뒤 세상은 국경이 허물어진 전지구적인 사회가 될 것이고,
서로 상대방의 문화와 신화에 쉽게 접근하게 될 것이다. 따라서 타
로도 범신론적·초문화적 세상을 반영할 수 있도록 확장되어야 한
다. 20세기의 서구적 정서는 불교·요가·수피주의 같은 동양 철학
을 포용했고, 샤머니즘·켈트족의 파가니즘(무종교주의) 같은 옛날
종교를 재발견했으며, 점성술·연금술처럼 확립된 신비 과학을 한
층 발전시켰다. 유니버설 타로는 이 모든 가닥들을 엮어 주단을 짠
다. 즉 인류의 정신적 삶에 대한 다양한 묘사로부터 핵심적인 정신
적 진실을 도출해 낸다.

유니버설 타로의 구조

앞에서 설명했듯이, 타로의 기원은 확실하지 않다. 따라서 타로 카드에서 명백한 구조, '최초의 형태'라는 것은 없다. 그렇지만 타로에 전통은 있다. 넓은 의미에서, 한 벌의 카드에는 메이저 아르카나와 마이너 아르카나가 있다. 메이저 아르카나에는 22장의 카드가 있고, 일반적으로 트럼프라고 부른다. 이 카드는 1~21번까지 순서가 매겨 있고, 순서와 무관하게 광대(Fool)이라는 트럼프가 있다. 이것은 0번이고, 다른 트럼프와 별개로 간주된다. 이 카드들은 모두 우리 주위에서 작용하는 자연의 신비롭고 보이지 않는 힘, 우리의 삶에 영향을 주는 통제할 수 없는 고차원적 힘을 담고 있다.

22개의 트럼프는 각각 점성술·연금술의 사인과 대응한다. 그중 12개의 카드는 황도십이궁(黃道十二宮), 7개는 신성한 별 7개와 조화를 이룬다. 그리고 나머지 3개는 네 가지 연금술적 요소 중 세 가지(불·물·공기)에 대응한다. 마지막 네 번째 요소인 흙은 마이너 아르카나 카드 전체에 표현된다. 마이너 아르카나는 우리 생활에서 벌어지는 세속적 사건들, 우리에게 영향을 미치는 물질적인 힘, 우리가 영향을 미칠 수 있고 또 실제로 영향을 미치고 있는 우리 주변의 다양한 요소들과 관련된다.

보통의 카드놀이가 그런 것처럼, 마이너 아르카나도 4개 조, 즉 웬드(Wands)·컵(Cups)·스워드(Swords)·디스크(Disks)로 구성되어 있다. 이해를 돕기 위해 이것을 현대의 놀이용 카드와 비교하면 웬드(Wands)는 크로버 ♣, 컵(Cups)은 하트 ♥, 스워드(Swords)는 스페이드 ♠, 디스크(Disks)는 다이아몬드 ◆ 이다. 일반적으로 이들 각각은 다음과 같이 삶의 특정한 영역을 지배한다.

 ☞ 웬드: 행동·정신적 야망·창조적 충동. 도전에 맞서고 한계를 극복하려는 욕망. 자신의 가치를 행동으로 보여줌. 외향적인 성격. 불. 계절적으로는 봄이고 방향은 남쪽.

 ☞ 컵: 인식. 감정의 세계. 영감. 신비한 힘. 기억. 꿈. 잠재 의식. 정신적 능력. 물. 계절적으로는 여름이고 방향은 서쪽.

 ☞ 스워드: 합리적인 마음. 분석. 논리. 직선적 사고. 지성. 합리. 정신적 건강. 공기. 계절적으로는 가을이고 방향은 동쪽이다.

 ☞ 디스크: 물질주의. 세속적 세계. 직업. 일. 내면적 환경. 금전. 육체적 건강. 땅. 계절적으로는 겨울이고 방향은 북쪽이다.

전통적인 카드놀이와 유사한 점은 각 조가 에이스부터 10까지 번호가 매겨져 있고, 그 뒤에는 궁중 카드(Court Cards)라고 알려진 일련의 인물 카드가 이어진다는 점이다. 궁중 카드에 대해서는 타로 분야 학자들이 논쟁을 벌렸고 견해 차이를 보여 왔다. 이름과 의미, 심지어 숫자도 논란거리였다. 일반적으로 합의하는 것은 각 조에 4장씩, 모두 16장의 궁중 카드가 있어야 한다는 것이다. 궁중 카드에는 왕·여왕·기사·급사, 또는 왕·여왕·기사·머슴(카드놀이에서 잭), 또는 기사·여왕·왕자·공주, 그것도 아니면 앞의 것들의 순서를 바꾸어 놓은 것 등이 있다. 하지만 이것은 만족스럽지 못하다. 게다가 이것을 황도십이궁과 연결시켜 보면 더 혼란스럽다. 궁중 카드와 궁(宮)간의 연계 관계가 희미하고, 급사(또는 공주)는 아예 궁과 연결되지도 않는다. 이러한 문제들을 완전히 해결하기 위해 유니버셜 타로는 3장의 궁중 카드를 왕(King)·여왕

(Queen)・급사(Knave)에 할당했다. 카드놀이에 널리 퍼져 있는 전통을 충실하게 반영한 것이다. 그렇게 함으로써 각각의 카드가 12궁도 가운데 하나를 분명히 대표하도록 해준다. 예컨대 웬드(火)조에 있는 3장의 궁중 카드는 불의 속성을 갖는 3개의 궁에 대응한다. 웬드 킹(King of Wands)은 인마궁(궁수자리), 웬드 퀸(Queen of Wands)은 백양궁(양자리), 웬드 네이브(Knave of Wands)는 사자궁(사자자리)에 대응한다. 이것을 급격한 변화로 여길지 모르겠다. 일부 타로 연구자들은 마이너 아르카나를 56개에서 52개로 줄이는 것을 받아들일 수 없는 전통과의 단절이라고 느낄 것이다. 그러나 반드시 56장이 있어야 하는 것은 아니다. 초기에 일부 타로 카드는 62장이었고, 플로렌틴 타로(Florentine Tarot)는 97장이었다.

한 벌의 타로 구조에서는 숫자의 정확성이 중요한 의미를 지니고, 숫자점(數字占)에 심오한 영향을 미친다. 따라서 숫자를 늘리거나 줄이는 것은 타로의 영향을 분명하게 하기보다는 오히려 혼란만 가중시킬 수 있다. 카드에 의미를 부여하는 것이 무의미할 정도로 카드 숫자를 끝없이 늘릴 수도 있지만, 이렇게 하면 혼란이 초래되었기 때문에 유니버설 타로는 최소한의, 그러면서도 통합된 숫자점 체계를 이용한다.

이 체계의 핵심 숫자는 3과 7이다. 3은 가장 기본적인 존재 법칙을 나타낸다. 작용과 반작용이 있고, 두 힘을 합쳐서 제3의 힘을 만들고, 이렇게 함으로써 진보・진화하기 시작한다. 이 3배법은 세계 많은 지역의 종교에서 신화를 창조하는데 쓰였다. 예컨대 성부(聖父)・성자(聖子)・성신(聖神)이 셋이고, 산스크리트 성서에 나오는 창조・유지・파괴의 신(神)인 브라마・비시나・시바신도 셋이다.

7은 항상 가장 신비한 수였다. 신비주의자 구르지에프(Gurdjieff)가 우주 전반에 적용할 수 있는 7배법을 고안해냈는데, 우주 안에서 일어나는 모든 진보와 이동과 진화가 7단계의 사이클로 되어 있다는 것이다. 스펙트럼에서 분광하는 색이 7가지이고, 한 옥타브에도 7음이 있고, 신경망(chakras)도 7가지, 1주일에도 7일(요일 이름은 7개의 신비로운 행성 이름에서 따왔다)이 있다는 식이다.

메이저 아르카나에서 광대(Fool)을 제외한 나머지 트럼프 21장은 순서대로 배열되어 있다. 21은 숫자 점에서는 3(2+1)으로 줄어들고, 21=7×3이기도 하다. 궁정 카드는 지금 12개가 있는데, 이것도 3으로 줄어든다. 각 조마다 3장의 궁정 카드가 있는 것이다. 마이너 아르카나는 52장이다. 이것은 7(5+2=7)로 줄어든다. 메이저 아르카나와 마이너 아르카나를 합치면 73이 된다. 풀은 별도 카드로서, 바람이 통하듯 모든 카드에 영향을 미친다. 전세계에 손길을 미치는 운명을 타고났다.

그래서 이 수들은 숫자점으로 유니버설 타로에 대응한다. 백년 전 '황금 새벽의 질서'라는 단체는 이 카드들에 황도십이궁을 배치했다. 여기서 점성술이나 숫자점 같은 복잡한 주제를 깊이 다룰 생각은 없다. 이런 옛날 과학을 대강 훑으려고 해도 책 몇 권은 족히 필요할 것이다. 유니버설 타로는 호기심을 가진 사람이 세상을 들여다볼 수 있도록 통로를 제공해 주기 위해 점성술·숫자점·신비철학·연금술 같은 다양한 사상을 담고 있다. 무당과 불교 신자도 타로에 표현된 통일된 소우주를 똑같이 접할 수 있다. 일단 타로 세계에 들어오면 모든 정신적 경로에 담겨 있는 공통된 진실을 파악할 수 있다.

특별히 유니버설 타로에서 변화된 것은 메이저 카드 가운데 넉 장이 새 이름을 얻었다는 것이다. 카드를 해석하기 위해, 또는 카드의 적당한 의미를 놓치지 않도록 뉘앙스를 강조하기 위해 카드 이름을 바꾸는 것은 전에도 있었다. 이름이 바뀐 카드는 다음과 같다. VIII. 욕망(일반적으로는 힘으로 알려져 있음), XI. 카르마(정의), XIV. 시간(절제), XX. 계시(최후의 심판). 이처럼 구체적인 이름을 붙인 이유는 이 트럼프를 정확히 묘사하기 위해서이다. 타로 트럼프의 이름으로 '카르마(업보)'와 같이 영어에 없는 말을 쓴 것이 이상하겠지만, 이것은 하나의 단어로서 지금은 상식처럼 쓰이고 있다. 카르마가 이 카드의 의미를 훨씬 정확하게 반영하는 반면, 그에 걸맞는 영어 단어는 없는 상태다. 수세기 전에는 '정의'나 '절제' 같은 단어들이 오늘날 우리가 쓰는 것과는 다른 뜻과 해석을 갖고 있었다.

이것이 바로 유니버설 타로의 기본 구조이자, 유니버설 타로를 알리는 이유이다. 이것은 전통적인 관념과, 지구적인 시각에서 새로운 사상을 통합한 것이 균형을 이룰 수 있도록 해준다. 다음 장에서는 각 카드의 의미와 상징을 구체적으로 살펴보겠다.

점의 예술

유니버설 타로는 점을 치는 데 사용한다. 우선 카드를 섞고 하나 또는 여러 장의 카드를 선택하면서 당신이 어떤 상황에 처했는지 진지하게 물으며 안내를 구하면, 마음 깊숙한 곳에서 울림이 나와 적절한 카드를 선택하도록 도와줄 것이다. 그 순간 당신의 마음 상태가 앞으로 일이 어떻게 진행될 것인지를 암시해 줄 것이다.

카드를 섞을 때는 당신이 알고 싶은 문제에 집중해야 한다. 그래야 당신이 얻고자 하는 해답과 고른 카드를 연결할 수 있다. 이 두 가지 행위는 동시에 일어나기 때문에 아주 긴밀하게 연결되어 있다.

이때 유니버설 타로 카드가 정확한 길잡이가 될 것이다. 이 타로 카드로 점을 치는 방법에는 카드 1장으로 할 수 있는 원 카드 방법, 3장으로 하는 3차원 배열법, 11장으로 하는 켈트 십자가 배열법이 있다. 타로 카드와 당신 내면의 소리에 귀 기울이는 기술을 발달시키려면, 먼저 원 카드 방법으로 시작해서, 삼차원 배열법으로 나아가는 것이 좋다.

아래 쓰인 것들은 당신이나 남을 위해 카드를 읽을 때 어떻게 준비하면 좋은지 설명하고 있다. 이 설명은 이 책에서 제시하는 세 가지 방법에 모두 적용된다. 타로로 점을 칠 때 아래의 지침이 완벽해질 때까지 늘 이곳을 참조하고 반복하라. 카드를 읽기 전에 당신 자신부터 준비하는 것이 중요하다.

카드 점을 읽기 위한 준비

내면의 소리가 전해주는 엄청난 지식에 접근하려면 먼저 마음을 가라앉혀야 한다. 그래야 당신에게 들려주는 소리에 귀를 기울일 수 있다. 아래 설명한 방법으로 편안한 상태를 이루도록 노력하라.

☞ 아무도 방해하지 않을 장소에 편안하게 앉아라.

그날 일어났던 일에 관해 잡생각이 조금도 끼어들지 않도록 하는 것이 중요하다. 요가의 가르침에 따라 호흡을 조절하면 마음과 몸을 조절할 수 있다. 몸과 마음이 내면 깊숙한 곳의 소리와 자연스럽게 조화를 이루도록 해준다. 이처럼 평온하고 안정된 상태를 이루기 위한 한 가지 방법을 살펴보자.

☞ 기분 좋게 깊숙이 숨을 쉬되, 숨을 들이쉬면서 마음의 눈으로… 보고 들어라.

천천히 그리고 부드럽게 숨을 내쉬면서, 숫자 9를 속으로 떠올리면서 읽어라. 이런 과정을 되풀이하되, 다음 번에 숨을 내쉴 때는 속으로 숫자 8을 떠올리면서 읽어라. 똑같은 방법으로 0이 될 때까지 숫자를 내려가면서 숨을 내쉰다. 이제 당신은 편안해질 것이고, 첫 번째 질문을 만들 준비가 될 것이다.

☞ 조심스럽게 질문 문구를 만든다.

질문을 어떻게 하느냐에 따라 대답의 질이 달라진다. 질문은 간결하고 명확한 것이 좋다. 그런 다음 열린 마음으로 답에 접근해야 한다. 이렇게 하면 카드가 표현한 것을 의식 속에 받아들일 수 있다. 질문을 더 잘 할수록 더 직접적인 답을 얻을 수 있다.

당신이 특정한 주제로 들어가기 시작할 때는, 첫 질문을 다음과 같이 하는 것이 좋다.

"내가 당장에 알아야 할 것이 무엇인가?"

일단 상황에 대한 첫 질문이 끝나고 기본 조건에 대한 정보를 들었다면, 다음에는 시기에 관해 질문할 수 있다.

☞ 질문을 만들 때는 한정된 시간을 제시해야 한다.

"내가 오늘(내일, 이번 주, 이번 달, 다음 석 달 동안) 일을 하면 어떤 조건에 놓이게 될까?"

"이번 여름 사랑하는 사람과의 관계가 어떻게 될까?"

이렇게 질문해야 답도 명확해질 수 있다.

일단 각 카드가 의미하는 것을 잘 알게 되면, 질문을 만드는 요령을 터득해야 한다. 금방 위에서 말한 것처럼 간단한 질문을 만들어 원 카드 방법으로 시작하라. 일단 원 카드 방법으로 시작해서, 좀더 익숙해지면 3차원 배열법으로 나아갈 수 있다. 기술이 더 발전한데다 복잡한 상황에 대해 더 자세히 알고 싶다면, 켈트 십자가 배열법을 이용한다.

☞ 점을 치기 전후에는 반드시 카드를 잘 섞어야 한다.

어떤 사람들은 카드를 섞는 것보다 남이 자기 카드에 손을 대지 못하게 하는 것이 더 중요하다고 생각한다. 그러나 이것은 개인적인 선택의 문제이다. 일단 카드를 깨끗이 했으면 마음의 '눈'으로 당신이 묻고자 하는 상황을 상상하도록 노력하라. 당신이 듣고 싶은 대답이 아니라 오직 진실만을 추구해야 한다. 그만 해도 되겠다 싶을 때까지 카드를 섞어라. 타로를 사용해서 얻는 많은 것 중 하나는 자신의 직관을 믿게 된다는 것이다.

☞ **카드를 배열하기 전, 왼손으로 셋으로 나눠 오른쪽에서 왼쪽으로 놓는다.**

그 다음에 다시 왼손을 사용하여 오른쪽에서 왼쪽으로 카드를 모아 다시 한 무더기를 만든다.(이것은 독자들의 위치에서 봤을 때의 방향을 얘기한 것이다.) 그리고 오른 손으로 카드 맨 윗장에서부터 필요한 수만큼 카드를 집는다.

당신은 각 자리에 맞는 카드를 의식적으로 선택해야 한다. 예를 들어, 3차원 배열법을 쓴다면, 당신의 '과거' 상황에 관한 정보를 물으면서 첫 번째 카드를 집고, '현재'에 관해 물으면서 두 번째 카드를 집고, '미래'에 관해 생각하면서 세 번째 카드를 집는다.

각 배열법의 주어진 순서에 따라 한 번에 하나씩 카드를 엎어놓는다. 그런 다음 한 번에 하나씩 카드를 뒤집되, 다음 카드로 진행하기 전에 먼저 카드의 위치에 따른 의미를 해석해야 한다.

☞ **카드를 뒤집었을 때, 거꾸로 된 카드가 나오면….**

어떤 사람들은 똑바로 된 카드가 카드의 특성을 가장 강하게 표현하고, 거꾸로 됐을 때는 더 약하게 표현한다고 생각한다. 또 어떤 사람들은 거꾸로 된 카드가 카드의 속성과 힘이 억제 당하고 숨겨져 있고 내면화되어 있음을 나타낸다고 생각한다. 카드가 거꾸로 있든 바로 있든 상관없다 생각하는 사람도 많다.

당신이 아직 해석에 익숙하지 않다면, 거꾸로든 바로든 상관하지 말고 이 책의 본문에서 제시한 대로 해석하는 것이 좋겠다. 질문과 해석을 적으면서 카드가 거꾸로 나왔는지 바로 나왔는지도 함께 적어 두면 좋다. 일단 해석이 기록으로 남게 되면, 각 카드가 거꾸로인지 바로인지에 비추어 당신의 해석을 다시 검토할 수 있을 것이다.

카드의 해석

카드를 뒤집었을 때, 카드에 쓰인 단어에만 신경 쓰지 말고 카드의 그림이 주는 느낌에도 주의를 기울여야 한다. 타로에 나오는 인물의 태도·색깔·환경들에 주목하고, 여기에 당신의 마음을 자연스럽게 결합해야 한다.

카드 그림을 처음 보았을 때 받은 인상으로 마음에 어떤 이미지가 남게 되면, 내면 깊숙한 곳에서 당신은 일련의 다음 이미지들을 불러낼 수 있다. 아주 짧은 시간에 당신은 그림이 상징하는 것을 이해하고 질문에 대한 답을 얻게 될 것이다.

타로 카드는 당신에게 '돌 판에 새긴 것과 같은' 고정된 미래를 예견해 주지 않는다. 카드 점은 당신이 질문하는 순간에 당신의 상황이 어떠하며, 카드 점을 어떻게 진행하느냐에 따라 달라진다. 당신이 받은 대답에 대해 감정적으로 어떻게 반응하고 어떻게 움직이느냐에 따라 당신 미래도 달라진다.

원 카드 방법

타로 카드는 각각 아주 특별한 개념과 심리학을 구체적으로 표현하고 있으며, 각각의 카드가 모두 질문에 대한 대답 또는 명상의 도구로서 이용될 수 있다. 각 카드에 대해 잘 알지 못할 때는 원카드 방법을 써라. 그러나 이 방법은 일상적인 활동에 대한 길잡이로서만 사용할 수 있다. 특히 시간이 바쁠 때 쓴다.

원 카드 방법을 사용할 때, 카드를 섞고 있는 동안 카드 한 장이 떨어진다면, 더 이상 계속할 필요가 없다. 그 카드가 바로 대답이다. 다음은 원 카드 방법의 예이다.

질문: 내 딸과 남자 친구의 관계가 어떻게 될까?

대답: 카르마 (업보)

메이저 아르카나가 나왔다는 것은 이 관계가 아주 중요하다는 것을 의미한다. 이 두 사람은 분명 서로에게 중요한 사람이다. 두 사람이 조화와 균형을 이루기 위해 노력하고 있다는 것을 의미한다. 여기서의 결론은 이 관계가 결혼으로 갈 수 있는 좋은 기회라는 것이다. 이 질문을 한 사람은 딸이 언제 결혼할지 알고 싶었다.

질문: 내 딸이 올해 안에 결혼할까?

대답: 매달린 사람(The Hanged Man)

다시 한 번 말하지만, 메이저 아르카나가 나왔다는 것은 이들에게 올해가 중요한 해가 될 것이라는 점을 의미한다. 둘 간의 관계는 현재의 시점에서 언급될 것이다. 따라서 기다림의 시간을 갖는 것이 자기 자신과 서로간의 관계를 더 많이 아는데 도움이 될 것이라는 점을 강력히 시사한다.

질문: 내 딸이 2년 안에 결혼할까?

대답: 컵2(그러나 재미있게도, '매달린 사람'이 컵2에 붙은 것 같다. 매달린 사람은 컵2를 따라 함께 튀어나왔다.)

여기서 상징하는 바는 명백하다. 컵2는 인생의 즐거운 결합인 사랑과 낭만을 상징한다. 이 카드에 매달린 사람이 붙어 나온 것은 2년이 끝나 갈 때쯤 결혼이 이루어진다는 것을 나타낸다.

3차원 배열법

3차원 배열법은 상황을 보다 폭넓게 볼 수 있게 한다. 이 방법은 카드를 읽는 시점에서 옆에 존재하지 않는 사람의 상황을 물을 때 유용하다.

우선 카드를 읽기 위한 준비를 마친 후, 카드를 7번 쳐서 섞는다. 그런 다음 마음속에 질문한 내용을 떠올리면서, 과·현재·미래에 대한 답을 구한다. 3차원의 답을 묘사할 카드 3장을 뽑았으면, 그것을 왼쪽에서 오른쪽으로 차례로 놓고, 하나씩 뒤집는다.

질문에 대한 답은 과거(첫 번째 카드), 현재(가운데 카드), 미래(세 번째 카드) 또는 마음, 몸, 정신에 관해 제시된다.

첫 번째 카드를 골랐으면, 현재 상황이 어떤 상태에 있는지 묻는다. 당신이 궁금해하는 사람, 또는 당신을 이 자리로 오게 만든 상황이나 상태가 어떤지를 묻는 것이다. 두 번째 카드를 골랐으면, 현재 상황이 어떻게 진행되고 있는지를 묻는다. 세 번째 카드를 골랐으면, 두 번째 카드가 묘사한 상황이 어떤 결과를 낳을지 묻는다.

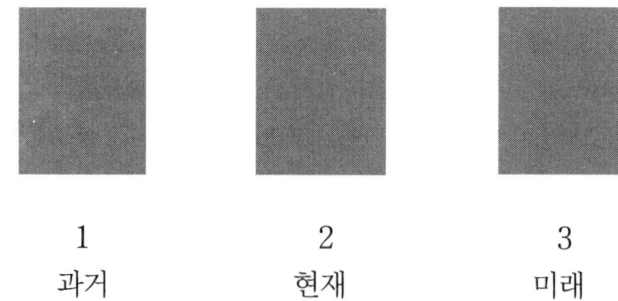

1	2	3
과거	현재	미래

당신이 얻은 결과가 그다지 맘에 들지 않는다면, 원 카드 방법을 사용하여 어떻게 하면 더 적합한 결과를 얻을 수 있는지 알아본다. 다음의 예를 보자.

질문: 나는 아이를 가져야 할지, 일을 계속해야 할지를 놓고 갈등하고 있다. 내년에는 내가 어떤 결론을 내리게 될까?

대답:

과거	현재	미래
스워드 2	계시(The Revelation)	스워드 6

스워드 2는 질문한 여자가 아이를 가지려는 결정을 내리기 전에 먼저 평화롭고 균형 잡힌 삶을 구축해 놓고 싶어한다는 것을 보여준다. 이 카드에는 달이 그려져 있는데, 달은 여성·양육·모성을 상징한다. 이것은 이 질문에서 아주 의미심장한 부분이다. 메이저 아르카나가 나왔다는 것은 아주 중요하다는 의미인데, 이 경우 계시가 현재의 자리에 나왔다는 것은 지금이 바로 결정할 때라는 것을 말한다.

미래 자리에 스워드 6이 나타난 것은 부부가 혼란에서 벗어나 평온한 해결의 바다로 나아간다는 것을 보여준다. 이 카드에 나타난 무지개는 희망찬 축복의 신호이다. 새로운 생활을 시작하고 내년에는 아이를 가질 것이라는 것을 암시한다.

3차원 배열법을 해석하는 다른 방법은 마음·몸·정신 차원에서 해석하는 것이다. 이 방법은 과거·현재·미래의 사건이 어떤 영향을 미치는지 알고 싶을 때 특히 쓸모가 있다.

질문: 내 마음·몸·정신에 기초해서 보았을 때, 내 새로운 직업의 결과가 어떻게 될까?
대답:

마음   몸   정신
디스크 3   웬드 2   디스크 에이스

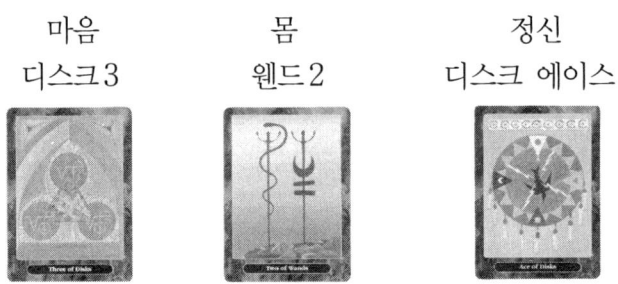

디스크 3은 새로운 직업에서는 부지런한 동료와 함께 일하는 것이 얼마나 가치 있는지를 깨닫게 된다는 것을 보여준다. 아마 새 일에서 그런 동료를 만날 것이다. 일에 몰두하지 못하도록 방해하는 일은 전혀 없을 것이다.

대답의 '몸' 부분에 있는 웬드 2는 '마음' 자리에 있는 디스크 3을 더 확실하게 한다. 이것은 이 질문을 한 사람이 주로 육체적인 노동과 관련된 것을 감독하는 일을 하게 될 것이며, 계획을 실행하면서 전체 표준 작업량을 적절하게 분배하는 데 몰두할 것이라는 점을 나타낸다.

'정신' 자리에 있는 디스크 에이스는 이 직업으로 정신적으로 새로워지는 놀라운 기회를 맞이하고, 상당한 부를 축적하게 될 것이라고 말하고 있다.

이 대답에는 아무런 문제가 없기는 하다. 그러나 이것은 질문한 사람에게 대답이 어떤 영향을 미쳤는지가 질문에 대한 진정한 답이라는 점을 기억해야 한다. 이를테면, 다른 사람과 일을 같이 하기를 싫어하는 사람 또는 육체노동을 감독할 때 쩔쩔매는 사람은 이것이 부정적인 대답이라는 것을 알게 될 것이다.

일단 당신이 3차원 배열법에 익숙해졌다면, 켈트 십자가 배열법에서 각 자리를 차지하는 개개 카드의 의미를 명확하게 알 수 있게 된다. 그 자리와 관련된 카드의 의미가 불명확하면, 카드 3장을 집어내어 과거·현재·미래 또는 마음·몸·정신 차원을 통해 질문을 명확하게 하면 된다.

켈트 십자가 배열법

돌로 된 켈트 십자가는 아일랜드 전역에 세워진 독특한 십자가 형태로서, 십자가의 네 팔을 연결하는 궤도가 특이하다. 십자가에는 성경에 나온 장면과 예수의 일생이 담겨 있다. 아일랜드의 초기 기독교 전도사들은 조상 대대로 수천 년 동안 여신을 섬겨왔던 사람들에게 성서의 가르침을 전해줄 때 그림으로 새겨진 장면들을 이용하곤 했다. 십자가는 여신에게 제를 올릴 때 사용되던 돌비석 가까이 세워지곤 했다.

켈트 십자가 배열법은 수직으로 늘어선 넉 장의 카드 '비석'과, 대답의 순환적 발전에 의해 형성된 십자가를 사용한다. 그 정점에서 상황의 궁극적인 결과가 발견된다. 기독교가 여신 숭배를 찬탈했다는 것을 상징하는 십자가와 비석으로 이루어진 켈트 십자가 배열법이 여신 숭배의 전통적 지혜와 기독교의 찬탈에 대한 기억을 함께 보존하고 있는 타로점의 가장 대중적인 형태라는 것은 역설적이다.

켈트 십자가 배열법은 어떤 행동의 경과를 좀더 깊이 있게 분석할 때 쓰인다. 이것은 단기간의 상황이나 궁극적인 결과를 예견하고, 과거와 현재를 가치 있게 통찰할 수 있게 해주며, 희망, 두려움, 다른 사람의 행위 따위가 상황에 어떤 영향을 미칠 수 있는지 말해준다. 일단 카드를 읽을 준비가 되었다면, 11개의 카드를 선택해 다음 그림과 같은 형식으로 늘어놓아라.

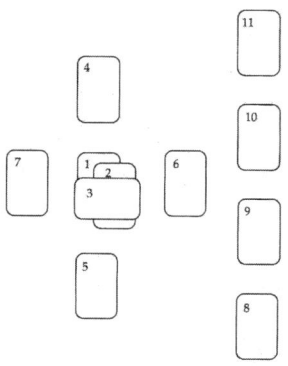

켈트 십자가 배열법으로 하면서 11장의 카드를 고를 때는 아래에 묘사된 것처럼 각 자리마다 주어진 상황을 마음속에 그려보는 것이 좋다.

첫 번째 자리 : 당신

첫 번째 카드는 당신을 나타내며, 동시에 현재 상황에 대한 당신의 내적인 열망을 나타낸다. 어떤 사람들은 궁중 카드가 자신의 상황과 성격에 밀접히 연관되어 있다고 정하고는 카드를 섞기 전에 이 카드를 선택한다. 이렇게 하면 상황에 대한 카드의 충고를 제한하게 된다. 그러나 이것은 전적으로 당신이 선택하기 나름이다. 어떤 방법이 가장 적합한지는 당신이 정해야 한다.

두 번째 자리 : 당신을 덮고 있는 것

두 번째 카드는 당신의 현재 상태를 나타낸다. 이 카드가 당신이 이루고 싶어하는 결과를 암시하는 것처럼 보인다면, 당신은 유리한 환경에 놓여 있는 것이다.

세 번째 자리: 당신을 가로막고 있는 것

두 카드를 가로지르고 있는 세 번째 카드는 당신이 원하는 것을 이루는 데 장애가 될 수 있는 것들을 나타낸다. 이것은 당신을 혼란시키는 개념을 나타낼 수 있다. 또다시 이 카드가 당신이 이루고 싶은 결과를 반영하는 것처럼 보인다면, 이것은 긍정적인 것이다.

네 번째 자리: 당신 아래에 있는 것

이 카드는 당신이 알고 싶은 상황이 어떤 근거 위에 있는지를 보여준다. 이 카드가 제시하는 요소에 근거를 두고 있거나 이런 요소에 따라 상황이 결정된다. 이것은 단기간의 결과와 관련될 때 큰 의미를 가질 수 있다. 상황에 영향을 미치는 요소를 바꿀 수 없다면, 당신은 그저 바라보거나, 필요하다면 당신의 태도를 수정할 수 있다.

다섯 번째 자리: 당신 뒤에 있는 것

당신의 현재 상황을 초래한 영향들과 과거 상태를 나타낸다. 이 영향들은 쇠퇴하고 있지만 과거·현재·미래에 미친 영향과 그 기억은 무시할 수 없으며 대가를 치러야 한다.

여섯 번째 자리: 당신이 결국 해야 할 것

이 카드는 당신이 앞으로 이루고자 하는 상황에 도달하는 방법을 나타낸다. 즉 목표를 이루기 위해 노력하는 것을 나타낸다. 이 자리에 있는 카드가 부정적인 것이라면, 당신 삶에서 부정적인 에너지 또는 그런 에너지에 대응하는 당신의 반응을 없애야 한다. 그래야 상황이 궁극적으로 해결될 수 있다.

일곱 번째 자리 : 당신 앞에 있는 것

이 카드는 조만간 맞게 될 결과를 나타낸다. 곧 다가올 것을 각오해야 하는 사건을 말한다.

여덟 번째 자리 : 당신의 성격

이 카드는 당신의 최종 목표에 이르기 위해 자신을 어떻게 끌고 나가야 하는지를 나타낸다. 부정적인 카드가 나왔다는 것은, 당신이 불행한 사건들을 극복하고자 하는 진지한 의지를 드러내지 않는 한, 당신은 사명을 이루는 데 꼭 필요한 다른 사람의 도움을 받지 못할 것이라는 신호이다. 당신이 어떻게 행동하느냐에 따라 마지막 결과는 크게 달라질 것이다.

아홉 번째 자리 : 다른 사람이 당신을 어떻게 보는지

이 카드는 질문 상황과 관련 있는 다른 사람이 당신을 어떻게 이해하는지를 나타낸다. 가족과 친구와 동료들이 보내주는 도움과 후원은, 당신이 복잡하고도 힘든 상황에 부딪쳤을 때 당신에게 특별히 힘이 된다. 이 자리에 부정적인 카드가 나타났다는 것은 당신이 목표에 도달하기 위해 자신의 힘에만 의존할 것이라는 신호이다. 당신을 언제라도 도우려는 사람들이 도움의 손길을 내밀지 않을 것이다. 그들은 당신이 목표하는 것이 당신에게 별 득이 되지 않는 것이라고 생각하기 때문이다.

열 번째 자리 : 당신의 희망과 두려움

이 카드는 질문 상황의 최종 결과에 대한 당신의 희망 또는 두려움을 나타낸다. 이 자리에서는 구체화된 개념이 아주 중요하다. 처음부터 이 카드를 희망 또는 두려움으로 간주하면, 당신은 다음과 같은 사실에 직면하게 된다. 즉, 목표에 이르는 것을 방해하는 것은 실패에 대한 두려움 뿐 아니라 목표를 이루고 나서 인생이 어떻게 달라질 것인가에 대한 두려움이라는 사실이다. 알지 못하는 것에 대한 두려움은 모든 인간이 근원적으로 갖고 있는 것이다. 그러나 이런 두려움을 극복하지 않고서는 우리는 한 발짝도 앞으로 나아갈 수 없다.

열 한 번째 자리 : 최종 결과

이 카드는 전체 행위 과정이 낳은 결과를 보여준다. 즉, 이제까지 노력한 것의 결말이다. 당신이 바라는 최종 결과와 반대되는 카드가 나왔다면, 이것은 이 시점에서 당신이 진정 원하는 것이 무엇인지를 재고해야 한다는 것을 나타낸다. 그럼에도 똑같은 바램을 갖고 있다면, 그런 결론에 이르기 위해 어떻게 행동해야 하는지 명확하게 알아야 한다. 원 카드 테크닉이나 3차원 배열법을 이용해서 당신이 나아갈 바를 물어라. 또는 문제가 시기에 관한 것인지 아닌지를 알아내라.

다음은 켈트 십자가 배열법의 예이다.

질문: 새로운 사랑을 위해 기존의 관계를 끝낸다면, 결과가 어떻게 될까?

첫 번째 자리 : 당신. (웬드 퀸)

질문한 여성이 웬드 퀸을 선택했다. 그녀는 이 특별한 퀸의 성격과 외양에 가장 밀접히 연관되어 있다고 느낀다.

두 번째 자리 : 당신을 덮고 있는 것. (디스크 네이브)

이 시기에 질문자를 둘러싼 상황은 자기 인식을 추구하는 과정으로 힘이 넘친다. 이 카드는 마음속에 가장 먼저 떠오르는 것을 신중하게 현실에 옮기는 것을 나타낸다. 질문자는 너무 충동적이지 않으면서도 본능을 믿는 법을 배우고 있다.

세 번째 자리 : 당신을 가로막고 있는 것. (스워드 네이브)

질문자가 오랫동안 사귀어 왔던 연인에게 자신이 무엇을 갈망하는지를 이야기할 수 없다는 장애를 갖고 있다. 질문자는 자신의 계획을 믿어야 하고 감정에 휩쓸리지 말아야 한다.

네 번째 자리 : 당신 아래 있는 것. (디스크 4)

이 카드의 핵심은 소유이다. 질문자는 안정을 원하고 있으며, 어느 한쪽 상황의 물질적 이득으로부터 얻어지는 자존심을 유지하고 싶어한다. 상황은 이 지점에서 전환한다.

다섯 번째 자리 : 당신 뒤에 있는 것. (태양)

질문자의 인생에 따뜻한 햇살과 밝은 가정 상황이 사라지고 있다. 메이저 아르카나 카드가 나왔다는 것은 이 자리가 중요하다는 것이며, 이 경우 질문자는 자신이 알고 있는 따뜻하고 호의적인 도움을 잃을지도 모른다는 사실에 놀라게 될 것이다.

여섯 번째 자리 : 당신이 결국 해야 할 것. (마법사)

질문자의 목표는 자신의 열망을 더 강력하게 표현하는 것이다. 아마 사라지고 있는 가정의 행복은 연인에 대한 자신의 열망을 이상으로 삼은 대가이다. 지금 질문자가 원하는 것은 자신의 모든 기술과 재능을 쓸모 있게 사용하는 것이다.

일곱 번째 자리 : 당신 앞에 있는 것. (컵 네이브)

가까운 앞날에, 그녀는 분명히 새로운 낭만적 사랑에 빠질 것이다. 그녀는 자신이 알고 있는 것보다 더 감정적으로 만족스러운 관계를 추구하고 있다. 그녀는 사랑에 빠진 소녀처럼 느끼게 될 것이다.

여덟 번째 자리 : 당신의 성격. (죽음)

질문자는 낡은 형태를 깨고 새로운 미래를 위한 공간을 마련하기 위해, 두 남자 중 한 사람과 교제를 끝내는, 커다란 변화를 받아들여야 한다. 이 변화에 대한 공포가 계속되면, 두 사람 다 잃게 될 것이 틀림없다.

아홉 번째 자리 : 다른 사람이 당신을 어떻게 보는지. (디스크 5)

다른 사람들은 질문자를 복잡한 물질적 문제에 대해 걱정하는 사람으로 본다. 즉, 사람들은 그녀가 원래의 애인과 어려운 시절을 함께 보냈으며, 이 시점에서 그를 떠난다면 그녀는 차가운 길거리에 나 앉게 될 수도 있다고 생각한다. 사람들은 그녀의 결정에 찬성하는 않을 것이다.

열 번째 자리 : 당신의 희망과 두려움. (웬드 2)

이 카드의 의미를 보자면, 여기서는 공포보다는 희망을 말한다고 하는 것이 더 맞을 듯 싶다. 그녀는 상황을 침착하게 살펴보았고, 자신의 인생을 책임질 준비가 되었다. 그녀는 자신이 기대하는 바를 확신하고 있다.

열 한 번째 자리 : 최종 결과. (컵 에이스)

결과는 사랑이다. 질문자는 오래된 관계를 포기하고 새로운 사랑은 분명하게 선택하려 한다. 이 카드는 그녀가 새로운 차원의 사랑을 주고받기 시작한다는 것을 나타낸다. 이런 관계에서는 얻어지는 것이 아주 많다.

이렇게 예를 든 것은 당신이 흔히 접하게 되는 문제이기 때문이다. 카드가 일깨워 준 당신의 직관에 귀 기울이는 경험을 많이 할수록, 당신은 여기 써 있는 문장에서 새로운 의미를 발견할 것이다. 그리고 당신은 당신의 깨어 있는 마음과 꿈 의식에 접촉하는 것이 점점 쉬워진다는 것을 느끼게 될 것이다. 그리고 시간이 지날수록 자신의 시각을 만들어 내고 날로 새로운 경험을 할 것이다.

마이너 카드
(Minor Arcana)

마이너 카드는 우리에게 영향을 미치는 물질적인 힘, 우리가 영향을 미칠 수 있고 또 실제로 영향을 미치고 있는 우리 주변의 다양한 요소들과 관련되며, 4개조, 즉 웬드(Wands♣)·컵(Cups♥)·스워드(Swords♠)·디스크(Disks◆)로 구성되어 있으며 각각에 1부터~10까지이다.

4개조에 있는 왕(King)·여왕(Queen)·급사(Knave)는 궁중 카드(Court Cards)로, 웬드(火) 조에 3장은 불의 속성을 갖는 3개의 궁에, 웬드 킹(King of Wands)은 인마궁(궁수 자리), 웬드 퀸(Queen of Wands)은 백양궁(양 자리), 그리고 웬드 네이브(Knave of Wands)는 사자궁(사자 자리)에 각각 대응한다.

대 응 표
마이너 카드(*Minor Arcana*)

웬드 에이스	불(火)의 힘	스워드 에이스	공기(氣)의 힘
웬드 2	백양궁에 화성	스워드 2	천칭궁에 달
웬드 3	백양궁에 태양	스워드 3	천칭궁에 토성
웬드 4	백양궁에 금성	스워드 4	천칭궁에 목성
웬드 5	사자궁에 토성	스워드 5	보병궁에 금성
웬드 6	사자궁에 목성	스워드 6	보병궁에 수성
웬드 7	사자궁에 화성	스워드 7	보병궁에 달
웬드 8	인마궁에 수성	스워드 8	쌍자궁에 목성
웬드 9	인마궁에 달	스워드 9	쌍자궁에 화성
웬드 10	인마궁에 토성	스워드 10	쌍자궁에 태양

마이너 카드(*Minor Arcana*)

컵 에이스	물(水)의 힘	디스크 에이스	흙(土)의 힘
컵 2	거해궁에 금성	디스크 2	마갈궁에 목성
컵 3	거해궁에 수성	디스크 3	마갈궁에 화성
컵 4	거해궁에 달	디스크 4	마갈궁에 태양
컵 5	전갈궁에 화성	디스크 5	금우궁에 수성
컵 6	전갈궁에 태양	디스크 6	금우궁에 달
컵 7	전갈궁에 금성	디스크 7	금우궁에 토성
컵 8	쌍어궁에 토성	디스크 8	처녀궁에 태양
컵 9	쌍어궁에 목성	디스크 9	처녀궁에 금성
컵 10	쌍어궁에 화성	디스크 10	처녀궁에 수성

궁중 카드(*Count Cards*)

원더 킹	인마궁(궁수 자리)	스워드 킹	쌍자궁(쌍둥이 자리)
원더 퀸	백양궁(양 자리)	스워드 퀸	천칭궁(저울 자리)
원더 네이브	사자궁(사자 자리)	스워드 네이브	보병궁(물병 자리)
컵 킹	쌍어궁(물고기자리)	디스크 킹	처녀궁(처녀 자리)
컵 퀸	거해궁(게 자리)	디스크 퀸	마갈궁(염소 자리)
컵 네이브	전갈궁(전갈 자리)	디스크 네이브	금우궁(황소 자리)

웬드 에이스(Ace of Wands)

(** 이 카드의 핵심은 창조적인 잠재력)

에이스(Aces)는 항상 위대한 힘을 나타낸다. 그러나 그 힘은 잠재된 힘이다. 조만간 표출될 거대한 힘 또는 대단한 가능성의 씨앗·뿌리인 셈이다. 웬드(Wands)는 정신적 열망·창조적 에너지·희망과 욕심을 나타낸다. 에이스는 야망·열정·모험심의 상징이지만, 세속적인 것이 아니라 삶의 고차원적인 측면에 초점이 맞추어져 있다.

인간 정신은 자연스럽게 진화하고, 갈수록 의식화하고, 비약·성장하고, 완전한 자아를 실현하는 경향이 있다. 이것이 바로 웬드에이스(Ace of Wands)의 속성이다. 그러나 강조할 것은 이 힘이 강제적인 것이 아니라 자연적인 것이라는 것이다. 이것이 의미하는 것은, 자신과 주위 환경이 조화를 이룰 때 힘이 저절로 생겨나는 것이지, 맹목적인 욕망을 실현하기 위해 억지로 힘을 낼 수 있는 것이 아니라는 점이다.

여기에 있는 웬드는 질곡에서 벗어나 자유로워지고, 자기의 날개를 발견하고 더 높은 차원으로 비상하고 있는 인물의 모습을 하고 있다. 그의 배꼽에는 의지가 머물고 있는 마니푸라 차크라(mani-pura chakra)의 핏빛 삼각형이 있다. 그러나 이것과 의지의 관계는 아주 미묘하다. 의지는 자연적인 힘과 조화를 이룬다. 이 삼각형이 상징하는 정신은 팔과 머리로 다시 형상화된다. 이것은 그가 자신의 한계를 초월해서 날아갈 준비를 하고 있음을 보여준다. 전체적인 이미지는 창조적 에너지를 나타내는 헤르메스 지팡이[4]를 변형한 것이다. 쿤달리니(Kundalini)[5] 뱀의 힘이 저급한 차크라(chakras)[6]를 통과한다. 따라서 지금 무엇인가를 열망하는 사람은 심연에서 벗어나 더 높은 차크라, 즉 완성을 향해 도약할 순간에 와 있다.

🍎 상황 인식

지금 이 순간 당신은 살아 있다는 느낌을 갖고 있고, 창조적이고 열정적인 기분에 빠져 있다. 이런 느낌이 들면 즉시 받아들여야 한다. 그렇지 않으면 이 느낌들을 다 잃게 된다. 이렇게 열정이 넘치고 충동이 샘솟을 때 직관을 사용하라. 새로운 계획을 시작할 때다. 당신은 그럴 수 있는 힘이 있다는 것을 의심해선 안 된다. 첫 느낌에 따라 행동하라. 결과를 안 후 당신 자신을 비판하지 말라.

---

4) 그리스 신화에 나오는 평화와 의술의 상징.
5) 척추에 붙어 있는 심리적·정신적인 에너지로, 실같은 형태를 띠고 있다.
6) 신경망. 초자연력이 통하는 관(管). 요가 심리학에 따르면, 사람의 몸에는 의식(意識)이라고 하는 영적인 에너지의 여섯 중심이 있는데, 이것을 차크라라고 한다. 항문에는 무라다라, 성기의 뿌리에는 스바디스타나, 성대에는 무라다라, 양미 간에는 아기아나, 머리 꼭대기에는 사하스라라차크라, 성대에는 마니푸라가 있다.

웬드 2 (Two of Wands)

(** 이 카드의 핵심은 지배)

Two of Wands

2는 보통 힘의 흐름이 시작되는 것을 나타낸다. 웬드(Wands) 조에서 힘의 흐름은 순수한 의지이자, 의지의 창조적인 측면이다. 지금은 구조를 만들고, 선을 긋고, 영토를 확정짓고, 주장을 제시할 때이다. 목적이 분명하고도 안정되어 있다. 웬드의 불같은 에너지와 백양궁(양자리)에 있는 화성의 군사적 에너지는 서로 양립할 수 있다. 이들이 조화롭게 결합해 균형을 이룸으로써, 경계선에서 전쟁이 일어나지 않도록 해준다.

웬드 2의 생김새는 부족적이고, '경계선'을 긋기에 적합하다. 그림에 보이는 이것들은 시바신(神)의 삼지창이다. 뾰족한 끝은 창조·유지·해체를 표현하는 세 개의 힘이자, 쿤달리니 뱀이 휘감고 있는 세 가지 힘, 즉 이다(Ida), 핑갈라(Pingala)[7], 수숨나(Susumna)[8]이다. 이것이 바로 웬드 중 하나를 뱀이 감고 있는 이유이다. 쿤달리니 뱀이 잠에서 깨어나면, 그것은 우선 낮은 차크라를 지나

---

7) Ida와 마찬가지로, 쿤달리니에 있는 에너지 가운데 하나.
8) 쿤달리니의 한 가운데에 있는 실.

의지의 영역으로 기어간다. 그럼으로써 의지의 중요성이 다시 강조된다. 깨어나는 힘은 새 날이 밝아오는 것에서 볼 수 있고, 황도십이궁의 첫번째 궁인 백양궁에서 봄이 깨어나는 것을 알 수 있다.

두 개의 수평선 위에 있는 초승달은 시바신을 상징한다. 암석 위에는 백양궁에 있는 화성 사인이 있고, 의지의 상징인 삼각형이 있다. 지금은 생각과 계획을 실천에 옮길 수 있는 낙관적인 시기이다. 그것을 실천에 옮기려면 엄청난 개인 힘과 에너지가 있어야 한다.

● 상황 인식

당신은 안정적이고 독립적이다. 지금 당신은 의사 결정을 할 힘을 갖고 있기 때문에, 과거에 경험했던 두려움 따위는 문제가 안된다. 지금은 자질구레한 일상으로 돌아가기 전에 계획을 세워야 할 때이다. 당신은 당신이 원하는 모든 것을 정복할 수 있을 것이다.

웬드 3 (Three of Wands)

(** 이 카드의 핵심은 협력)

여기 있는 웬드(Wands)는 화살 모양을 하고 있다. 화살 세 개가 묶여 있다. 이것은 기독교 이전 시기에 통합의 상징이었다. 통합 또는 단일성이 이 카드의 핵심 테마이다. 분산된 힘이 공통의 목적을 위해, 또는 성공하기 위해 하나로 합쳐진다. 이런 상황에서는 이기심이 균형을 깨뜨릴 수 있다. 따라서 개성은 조심스럽게 다스릴 필요가 있다. 편의에 따라 인위적으로 또는 강제로 결합하는 것이 아니라, 다양한 에너지를 조화롭고도 자연스럽게 합쳐야 한다.

가운데 있는 웬드에는 백양궁(양자리)의 양 머리가 있고, 금빛 원반 모양을 하고 있는 태양과 명확히 대비된다. 백양궁에 태양이 있으면 봄이 시작된다. 꽃이 피고, 비옥해지고, 외부로 발산하게 된다. 화살이 하늘을 향해 찌르고 있는데, 이것은 빛을 향한 열망과 성장을 가리킨다.

전체적으로 이 카드는 힘을 합쳐 일을 추진하는 열정적 분위기, 협력의 좋은 징조를 나타낸다.

어린아이처럼 곧은 시선을 가져라. 그리고 즐거운 모험을 함께 할 '놀이 친구' 또는 동조자를 구하라. 모든 것이 열리는 이 순간을 실제 문제와 결부지어라. 그리고 함께 모험을 성공시킬 수 있는 특별한 기술을 가진 다른 사람을 찾아라. 지금은 앞으로 거둘 씨앗을 뿌릴 시기이다.

웬드 4 (Four of Wands)
(** 이 카드의 핵심은 태도)

Four of Wands

여기에 보이는 이집트 웬드(Wands)는 평형을 이루는데 필요한 네 요소를 나타낸다. 그것들은 정적이지 않고, '균형 상태에서 움직이고' 있다. 이것은 웬드의 에너지가 정적인 것은 확실하지만, 적극적으로 활동할 시기가 아직 되지 않았을 뿐이라는 점을 나타낸다. 그렇지만 이 카드의 암호는 평정이다.

불의 요소는 시스트럼9) 모양을 하고 있다. 시스트럼이 흔들리는 것은 게으름에게는 적이다. 손잡이가 구부러진 지팡이는 물의 신 오시리스10)의 지팡이이다. 흙의 요소는 도처에 산재한 앵크11)이다. 그리고 맨 위에 있는 웬드는 공기를 상징하는 노란색 헤르메스의 지팡이12)이고, 이것은 나머지 세 요소보다 우월하다. 이 네 가지 요소가 어우러진 소우주가 여기서 균형을 이룬다. 날개는 공기이

---

9) 고대 이집트 사람들이 여신 이시스(Isis)의 제사 때 쓰던 금속 악기
10) 이집트 신화에서 생명의 창조주. 그의 아내가 이시스(Isis)이고, 그의 형제가 파괴의 신인 세트(Set)이다.
11) 이집트 미술에서 위쪽에 고리가 달리 T자형 십자가. 생식·장수의 상징
12) 그리스 신화에 나오는 평화와 의술의 상징

고, 날개 사이에 있는 원반은 땅이고, 뱀은 남근 숭배의 속성을 갖고 있는 불의 상징이다. 물결 모양은 물을 상징한다.

이런 균형은 백양궁(불)에 금성(물)이 결합해서 탄생되었고, 앞마당에 꽃 같은 모양을 하고 있다. 이것은 성장이 시작되었음을 알려준다. 단순히 씨앗의 차원을 넘어서서, 아직 활짝 피지는 않았지만, 잠재력을 실제로 보여주는 것을 나타낸다. 4는 건물의 숫자다. 4면으로 된 피라미드를 가리킨다. 이 카드에 있는 것들은 모두 건물을 지을 수 있도록 견고하게 기반이 구축되었음을 보여준다. '1단계가 완성되었음'을 뜻하는 것이다. 지금은 노동이 끝난 뒤의 휴식기간, 진정으로 꽃을 피우는 시기는 아직 아니지만, 지식을 갖고 초기에 성공을 거둔 것을 축하하는 시기이다.

🍎 상황 인식

일이 만족스럽게 돌아가는 것에 만족하라. 당신의 노동은 굳건한 기반을 만들었다. 그뿐 아니라 힘든 의무가 끝났으며 최선을 다해 노력한 결과 낙관적이고 자랑스러운 결실을 맺어 감사드릴 일만 남았다.

웬드 5 (Five of Wands)
(** 이 카드의 핵심은 갈등)

5는 항상 극복해야 할 또는 제거해야 할 어려움이나 장애물을 암시한다. 생명의 나무에서 5번째 가지는 장래에 무엇인가를 창조하기 위해 미리 파괴하는 대리인 역할을 한다. 웬드 5는 투쟁과 선동에 관한 것이다. 투쟁은 항상 발전하는 가운데서 생긴다. 이런 상황에서는 필요하면 싸우겠다는 의지를 갖고 있어야 한다.

표면상 이 카드와 분위기가 비슷한 두 카드를 비교하는 것은 흥미롭다. 웬드 7도 웬드 5처럼 투쟁적 요소를 갖고 있다. 훨씬 더 힘들지만, 위험은 적다. 웬드 5는 어느 정도 갈등과 투쟁이 끝나고, 여기서 진 상태를 나타낸다. 웬드 5는 바로 전쟁의 핵심이고, 적에 맞서기 위해 어떻게 자신의 에너지를 집중하느냐에 관한 것이다.

이 카드는 점성술적으로 사자궁(사자 자리)에 있는 토성이다. 깃발에는 토성 사인이 그려져 있다. 그 밑에 사자의 모습이 보인다. 자연히 토성과 사자의 에너지가 충돌한다. 토성이 강요하는 정적인 구조를 사자궁이 깨치고 나오려 하면 찌그러질 수밖에 없다. 웬드는 창으로서, 적을 파괴하는 것을 상징한다. 그러나 수평선은 어둡지 않고, 자세히 들여다보면 사자는 기적과도 같이 상처를 입지 않았다. 패하지도 않았고, 사기가 꺾이지도 않았다. 싸움이 한창 달아올랐을 때 결사적으로 싸워라.

● 상황 인식

경쟁적이고 전투적인 세계에 당신 자신과 이상을 세워라. 희생물이 되지 말라. 좌절하는 상황에서도 한계를 설정하지 말고 창조적이 되려고 노력하라. 분쟁은 공정해야 하며 모든 관점을 대표해야 한다. 당신의 생각이 확고해졌다면, 다른 사람들이 제 멋대로 당신의 생각을 거부하지 못하도록 해야 한다. 당신의 생각을 논리적으로 명확히 표현해야 한다.

웬드 6 (Six of Wands)

(** 이 카드의 핵심은 성취)

6은 가장 균형 잡힌, 조화로운 숫자다. 동시에 성취의 숫자이기도 하다. 불의 속성을 갖고 있는 웬드(Wands)조에서 6은 투쟁·고난이 끝난 뒤의 승리·성공을 나타낸다. 이것은 길조다. 좋은 소식을 가져다 줄 것이고, 축하할 시기, 낙관적인 희망의 시기가 올 것을 예고해준다.

6개의 웬드는 2개씩 3개조로 되어 있다. 이것들은 사실은 라마교의 '십자가'로서, 평정·불변·전능한 권력을 상징한다. 따라서 이 카드가 주는 전체적인 메시지는 잘 조절된 거대 권력에 관한 것이다. 이것은 이 카드의 점성술적 설명과도 부합한다. 사자궁(사자자리)에 목성이 있는데, 목성은 불같은 권력을 획득해서 성공으로 발전시키는 것을 나타낸다.

십자가는 티벳 라마승들이 갖고 있는 홀[譯註 : 笏 ; 왕권의 상징]이다. 대부분의 라마교 의식에서 사용되고 있고, 물질 세계에서 삶의 우월성을 강조한다. 이것은 인타라(因陀羅)의 번개라고 알려져 있다. 인타라는 주피터 신[13])에 해당하는 인도의 최고 신이다.

이 카드에서는 번개 치는 일이 끝나고, 지금은 번갯불이 두 개의 불꽃이 되어 천천히 타고 있다. 사자궁에 있는 목성에 쌍둥이 램프가 있는데, 이것은 전체 상황에 따뜻한 불꽃을 퍼뜨림으로써 에너지를 안정시킨다.

십자형 웬드의 중앙에는 정신적 승리를 상징하는 티벳의 만(卍)[14])자가 있다. 卍자 뒤에는 두 개의 삼각형이 있는데, 이것은 극점들이 균형을 이루고 있음을 나타낸다.

🍎 상황 인식

승리의 순간이 다가오고 있다. 승리할 것이라는 믿음을 가져야 한다. 당신의 머리 위에 스포트라이트가 비춰지고 있다. 깨달음을 얻어 성장할 수 있는 이 시기를 받아 들여라. 상황이 달라져도 당신은 승리할 것이다. 어떤 위기에도 굴하지 않고 노력한다면 모든 일이 순조롭게 풀릴 것이다. 이 승리가 앞으로 성공하기 위한 확실한 토대가 되어야 한다는 것을 명심해야 한다. 당신을 도와준 사람과 함께 이 기쁨을 누려라.

---

13) 로마 신화에 나오는 모든 신의 왕으로, 천계(天界)의 최고 신이다
14) 스와스티카(卍): 음악과 춤의 신으로 알려진 가나파티의 도형적 상징으로 간주됨.

웬드 7 (Seven of Wands)

(** 이 카드의 핵심은 용기)

밤에 묘지 둘레에 웬드(Wands)가 꽂혀 있는 것을 볼 수 있다. 묘지는 두려움과 암흑의 장소다. 힌두교 밀교(密教) 문화에 나오는 유명한 카팔리카스(Kapalikas)[15]는 초승달이 뜨는 칠흑 같은 밤이면 자기들의 두려운 마음을 극복하고 정신적인 힘을 얻기 위해서 묘지에 갔고, 거기서 정신적 의례를 치렀다. 그들은 지팡이를 들고 갔다. 땅에 수직으로 꼽혀 있는 것이 바로 그것들이다. 이것은 도덕적으로 반듯함을 나타낸다.

전통적으로 7은 생명의 나무에서는 가장 불안한 숫자다. 웬드의 창조적인 에너지가 위협을 받고 있다고 느낀다. 필요 이상으로 두려움을 많이 느끼는 것이 문제이다. 따라서 여기서는 당면한 일을 끝낼 수 있는 심리적인 힘이 필요하다. 절망적·비관적 느낌을 갖게 하지만, 장애와 두려움을 극복할 수 있다는 암시가 도처에 깔려 있다. 여기서는 한 가지 목적에 집중해 안정을 되찾는 일이 절대적

---

15) 인도의 밀교 마술가들.

으로 필요하다.

우리는 사자궁에 있는 화성의 상징들을 본다. 눈 앞에 닥친 위기와 맞서기 위해서는 불처럼 적극적인 에너지를 이끌어 내야 함을 암시한다.

🍎 상황 인식

당신은 신념과 가치를 지켜야 한다. 지켜야 할 것은 스스로 지켜야 한다는 사실을 두려워 말라. 단호하게 대처해야 시대의 승리자가 될 수 있다. 당신의 판단과 직관을 믿어야 한다.

상황이 어렵고 장애가 많아 보여도 당신은 그것을 극복할 수 있다는 사실을 믿어야 한다. 영웅과 겁쟁이의 차이는, 두렵더라도 앞으로 나아가느냐 그렇지 않느냐의 차이라는 것을 명심해야 한다.

웬드 8 (Eight of Wands)
(** 이 카드의 핵심은 통신)

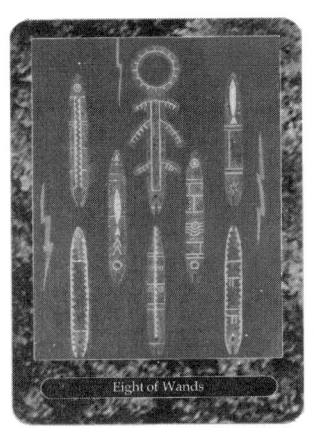

　여기에 있는 웬드(Wands)는 호주 원주민이나 북미 인디언이 쓰던 종교 의식용 악기와 같다. 이것은 수세기 동안 전세계 원시 부족들이 사용했던 고대 악기이다. 나무로 된 악기에는 줄이 하나 달려 있어서 하늘로 솟아오르는 모양을 하고 있다. 날카로운 외침 소리와 윙하는 낮은 소리가 난다. 이것을 사용해 메시지를 전달하거나 신에게 '얘기할 수 있었을 것'으로 전해진다. 일반적으로는 아프리카와 호주에서 쓰였지만, 최근까지도 유럽의 양치기들이 가축이 벼락맞지 않도록 하기 위해 사용했다. 번뜩이는 영감·사상과 함께 번개처럼 공기 중에 전달되는 메시지가 웬드 8의 핵심을 이룬다. 짧은 순간에 엄청난 에너지가 폭발하고, 자신의 활동 영역에서도 기운이 넘친다. 한 단계 도약할 때이다. 거래가 성사되고, 전반적으로 대운을 띨 것 같은 느낌이 든다.
　맨 위에 있는 웬드는 인마궁(궁수 자리)에 있는 수성을 나타낸다. 이 결합은 창조적 에너지가 활성화되어 있음을 나타낸다. 아주 어려운 시기는 끝났다. 이제 지체되는 일은 없다. 그러나 이 에너지는 빨리 소진될 수 있다. 불꽃처럼 빨리 마술을 부리고는 사라질 것이다.

편지나 뉴스를 주고받을 것이다. 여행하기에 좋은 때이고, 특히 항공 여행이 좋다. 당신 주위에 많은 이동이 있으니, 그것에 신경을 써라. 그리고 그것을 활용하라.

🍎 상황 인식

지금 당장 행동하라. 당신이 바라는 것들을 얻으려면 행동해야 한다. 먼저 뜻을 전하면 대답을 얻을 것이다. 대답은 불러내는 것이다. 새로운 생각을 바탕으로 행동하라. 지금은 갑자기 요구해도 가장 직접적이고도 즉각적으로 대답을 얻을 수 있다. 사랑과 낭만의 메시지를 주고받기에 가장 적합한 때다. 지금은 당신이 사랑하는 사람에게 말을 걸 때이다.

웬드 9 (Nine of Wands)

(** 이 카드의 핵심은 활력)

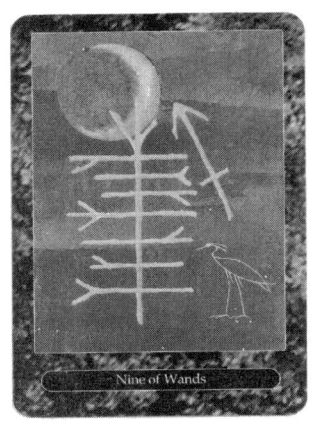

Nine of Wands

웬드 9는 병이 나아서 원기를 회복하는 것으로, 전체적으로는 치료와 관련되어 있다. 여러 문화권에서 치료는 무당이 하는 가장 중요한 기능이다. 따라서 이 카드의 이미지는 주술적이다. 8개의 웬드가 무당의 '생명의 나무'의 줄기와 가지를 이룬다. 이것들은 살아있는 에너지가 아니고 죽은 막대기이다. 9번째 웬드는 다른 세계로 날아가는 것을 나타내는 화살이다. 거기에서 그는 죽음과 질병으로부터 영혼을 구제한다.

점성술적으로 이 카드는 인마궁(궁수 자리)에 있는 달을 구현한 것이다. 이 카드에서 달은 '다른 세상'을 상징한다. 그것이 잠재 의식이든 별의 표면이든, 무당의 여행지인 것은 분명하다. 달의 힘이 인마궁에서 강해지는데, 여기서는 화살같은 모양으로 표현되어 있다. 무당의 영혼은 화살처럼 다른 세상으로 날아가서, 지혜와 치료법을 가지고 돌아온다. 하늘로 여행할 수도 있고, 지하의 심연으로 여행할 수도 있다. 이런 이중적 능력을 의인화한 것이 그의 동물 안내자인 새이다. 새는 물의 속성을 갖고 있어서 깊은 곳과 친하고, 불사조처럼 날아가는 힘이 탁월하다.

9는 한 자리 숫자 가운데 가장 큰 수다. 이 수는 에너지를 비축해서 정점에 오르는 것을 나타낸다. 생활력의 내적인 성장과 같은 말이다.

성공적인 결과를 얻지만, 한동안 건강하게 한다. 고통스런 자기검증을 통해 통찰력을 얻게 된 결과 걱정을 약간 하게 되지만, 핵심적인 측면은 치료이다.

🍎 상황 인식

당신은 거대한 힘을 모으고 유지해서 예비로 비축해 두어야 한다. 당신이 보기에 당신의 자리가 썩 맘에 들지 않더라도, 그 자리를 지킬 준비를 해야 한다. 때를 기다리는 것도 좋지만, 당신의 목적에 충실해야 한다. 의지력과 체력과 성격을 강하게 하기 위해 엄격한 군대식 훈련 기술을 적용하라. 도전할 때가 왔기 때문이다. 다만 도전했을 때 쓸 지식과 힘을 조절해야 한다는 것을 명심해야 한다.

웬드 10 (Ten of Wands)

(** 이 카드의 핵심은 타락)

Ten of Wands

10개의 웬드(Wands) 가운데 9개는 격자 모양으로 엮여 있다. 이 것이 빨간색 큰 원을 덮고 있다. 그 앞에 있는 더 큰 웬드에는 황소 머리가 달려 있다. 전체적으로는 두 개의 서로 다른, 그렇지만 상호 보완적인 사상을 담고 있다. 이것이 이 카드의 핵심이다.

황소 머리가 달린 웬드는 조로아스터교 신부들이 악마와 태만에 맞서 싸우는 전쟁의 상징물로서 들고 다녔다. 조로아스터교에 나오는 히드라(Hithra)[16]신이 그런 권표[17]를 하루에 세 번씩 지옥 위에 흔들어서 미처 완성되지 못한 악마들을 꼼짝 못하게 하려고 했다. 따라서 나머지 9개의 웬드는 조잡함·미완성을 나타낸다. 이 10개의 웬드는 색깔과 형태를 달리하면서 신비한 '생명의 나무'에서 10개의 가지가 된다. 생명의 나무는 하늘에서 땅으로, 영묘한 것에서 물질적인 것으로 이동하는 것, 즉 조잡해지는 과정을 나타낸다. 따라서 미트라 신(神)[18]의 황소 머리 웬드는 케더(kether)의

---

16) 페르시아 신화에서 빛과 진리의 신. 후에 태양신
17) 권위의 상징으로 삼는 직권봉

때 묻지 않은 가지이다. 조잡한 것과 맞서는 영원한 투쟁이다.

이 이미지에 포함된 두 번째 사상은 고대의 황소 숭배 문화이다. 아시아의 프란체스코 수도회 신부들에게는 시작 의례가 있었다. 깊은 구멍에 입회자 한 명이 서 있고, 그 위에 격자 모양으로 석쇠를 만들어 올려놓았다. 그 위에서 황소가 도살되었다. 황소의 피가 그 입회자에게 흘러내리면, 그 입회자는 정화되고 순결해진다고 믿어졌다.

이 모든 것은 쇠퇴하거나 추락하는 영향력을 가리킨다. 순결한 상태를 회복하기 위해서는 그에 맞서야 한다. 웬드 조에서 이것이 뜻하는 것은, 한 때 창의적이었던 생각이 이제는 유연성과 상상력을 잃어 경직된 구조로 변했다는 것이다. 단조롭고 게으른 생각이 자리잡고 있다. 진정한 창의력이 제한 받고 있다. 이것은 인마궁 (궁수 자리)에 있는 토성이 이 카드를 지배하기 때문에 생긴 현상으로, 그 문양이 미트라 신의 권표에서 주요 몸체를 구성한다. 진정한 상상력을 회복하기 위해서는 친숙한 구조를 내던질 수 있는 용기가 있어야 한다.

🍎 상황 인식

스스로를 지나치게 속박하면 모든 것은 스트레스가 된다. 피로에 지치게 되면 생각을 표현할 수 없고 힘이 소진된다. 당신이 어떤 상태인지 생각할 시간을 가져라. 그렇게 할 수 있을 만큼 운이 좋다면 말이다. 외부에서 온 모든 혼란을 벗어버리고 진정한 목표가 무엇인지 명확히 해야 한다. 그래야 긴장이 풀리고, 당신의 억눌렸던 에너지가 최상으로 쓰일 것이다.

---

18) 칼데아의 점성술의 영향을 받아 마키승들 사이에서 발전한 조로아스터교의 변종. 이란계의 미트라를 태양신으로 숭배했다.

웬드 킹 (King of Wands)

(** 이 카드의 핵심은 충동)

왕은 말을 타고 이동하는 인물이다. 기민하고 역동적이며 폭력적일 수도 있는 권력의 화신이다. 그러나 그의 영향력은 금방 사라진다. 웬드 킹(King of wands)은 순수한 태양의 남성적 에너지를 갖고 있다. '이중적으로 남성적인' 속성을 갖고 있어서, 상당히 불안하다. 그가 기민하고 용맹스런 특성을 갖고 있는 것은 확실해도, 그의 특성에는 부정적인 측면이 존재한다. 충동적이고 자부심 가득하고, 심한 경우 편협하기까지 하다. 지나치게 주관적이고 가부장적일 수 있다.

상궤를 벗어난 변덕스런 측면이 그의 인마궁(궁수 자리) 깃발에 나타나 있다. 인마궁은 이 궁정 카드가 의인화한 황도십이궁(黃道十二宮)의 하나이다. 그의 웬드는 뱀을 공격하는데 쓰는 창으로서, 그가 용맹스럽다는 것을 보여준다. 그러나 뱀은 고대에서 변화의 상징이다. 따라서 왕이 용맹스럽다고는 하지만, 그것은 변화를 거부하고 유연하지 못하다는 것을 나타낸다.

의지가 굳고 불의 에너지를 갖고 있는 이 군주는 태양신 아폴로의 헬멧을 쓰고 있다. 그의 군마는 인도 신화에 나오는 유니콘[譯註 : 뿔이 하나 달린 말]이다. 그 뿔은 창과 같아서 남성의 음핵을 나타낸다.

웬드 킹은 항상 지금 갖고 있는 권력을 사용할 태세가 되어 있다. 그러나 그것이 어떤 결과를 초래할 것인지에 대해서는 그다지 깊이 생각하지 않는다. (물의 속성인 명상이 없다)

🍎 상황 인식

웬드 킹처럼 당신은 힘과 자존심이 관련된 부분에서 어떻게 행동해야 할지를 잘 알고 있다. 충동적으로 상황에 뛰어들지 말라. 이것만 지킨다면 당신은 전체적인 상황을 조절할 수 있을 것이다. 열성적으로 확신에 차서 접근하고 과단성 있는 지도자처럼 앞으로 나아가라. 카드를 읽을 때 웬드 킹이 나오면, 그런 성격의 소유자가 당신 삶에 곧 나타나리라는 것을 의미한다.

웬드 퀸 (Queen of Wands)

(** 이 카드의 핵심은 확고함)

웬드 퀸은 물(Queen)과 불(Wands)의 에너지를 결합한다. 이 카드에서 지하에 흐르는 물의 인식과 지상에 비치는 태양의 힘 간에는 명백한 차이가 있다. 여왕은 이 두 에너지를 쉽게 조화시킨다. 그녀는 고요하지만 권위가 있다. 물의 요소는 그녀를 훨씬 더 유연하고 잘 적응하게 만든다. 이것은, 이중으로 불의 요소를 갖고 있는 웬드 킹과 대비된다.

일반적으로 웬드가 남성적인 남근 숭배의 상징이라면, 여왕이 갖고 있는 두 갈래 개암나무 작은 가지는 여성적 요소를 갖고 있는 물의 점괘를 가리킨다. 개암나무 막대기는 전통적으로 이른 아침에 동쪽에서 태양이 솟아오르는 것을 보면서 꺾어야 한다. 이때 작은 가지 사이로 태양 광선을 볼 수 있다.

웬드 퀸은 해가 뜰 때 최고도로 힘이 솟는다. 그녀는 주도적으로 새로운 프로젝트를 시작하고, 전 과정을 지켜보는 인내심과, 자신의 계획을 목표에 맞게 짜는 용의 주도함, 균형 감각을 갖고 있다.

그녀는 백양궁(양 자리)의 뿔로 된 왕관을 쓰고 있다. 이 별자리가 이 카드를 지배한다. 그녀의 목 주위에는 빨간색 삼각형 목걸이가 걸려 있는데, 이것이 그녀의 의지의 상징이다.

● 상황 인식

어떻게 행동해야 하는지 알고 있는 사람처럼 자신감 있게 행동하라. 가까운 앞날에 당신에게 영감을 주는 것이 있을 것이다. 그것에 대비하라. 당신은 지속적으로 관심 가질 수 있는 창조적인 계획에 참여할 필요가 있다. 당신은 쉽게 분노하고 격해지는 경향이 있다. 그러나 당신은 스스로 자제할 수 있기 때문에 관대하고 카리스마적인 사람이 될 수 있다. 카드를 읽을 때 웬드 퀸이 나오면 그런 성격의 소유자가 당신의 삶에 곧 나타날 것이라는 것을 의미한다.

웬드 네이브 (Knave of Wands)
(**이 카드의 핵심은 용기)

웬드(Wands : 불을 상징함) 조에 있는 네이브(Knave : 공기를 상징함)는 변덕스럽고 확장적인 성격의 소유자다. 그가 기본적으로 갖고 있는 불의 에너지는 그의 과시적 태도로 인해 약해지고, 대신 엄청난 열정과 우유부단함이 혼란스럽게 뒤섞이게 된다. 카드 밑에는 날개(공기를 상징)를 달고 있는 빨간색 삼각형(불을 상징)이 있다. 삼각형 아래에는 사자궁(사자 자리)이 있고, 이것이 이 카드를 지배한다. 사자의 본성은 강하고, 활동적이고, 전사같고, 용맹스럽고, 인내심이 있다. 그러나 승리자가 되고 높은 자존심을 획득하고 싶은 욕망을 갖고 있다.

네이브(급사)는 사건이나 이동이 새로 시작되거나 끝나는 것을 알려준다. 그들은 종종 국내외 여행이 변경되었음을 알려 준다. 창조적인 계획과 관계된 경우에 특히 그러하다. 이 에너지는 돌진하는 힘과 같다. 사실상 네이브라는 단어는 '광대(Fool)'와 같다. 메이저 아르카나에서 광대는 절벽을 향해 돌진한다. 여기서는 그렇게 조급하게 서둘러야 할 이유가 없다. 그러나 네이브는 마치 운명이 자신을 부르듯, 자기 운명을 향해 돌진한다. 그는 바보(Fool)에게서 기대할 수 있는 순진함과 어리숙함을 고루 갖추고 있다.

이집트 전설에 따르면, 도롱뇽은 사람이나 재산, 특히 무덤을 지키고 보호하는 영물이다. 도롱뇽의 본성이 그렇기 때문에, 침입자가 들어오는 것은 막기는 커녕, 그들이 들어와서 약탈해 가도록 내버려둔다. 이것이 웬드 네이브의 충동적인 면을 간직하고 있다. 아마도 갈등에 따른 긴장미를 즐기는 것 같다. 그러나 그가 충성심을 갖고 있는 것만은 확실하다.

그는 창과 방패를 들고 있다. 그의 사나운 창에는 두 마리 뱀이 꼬여 있다. 이것은 그의 극도로 남성적인 측면을 강조한다. 불(Wand)과 공기(Knave)가 남성적 요소이기 때문이다. 그의 방패를 보면, 그가 십자군임을 알 수 있다. 그는 성배(聖杯) 신화에 나오는 퍼시발(Perceval)[19]과 쉽게 동일시된다. 사자의 상징은 세 가지이다. 첫째는 점성술적인 것(사자궁)이다. 둘째는 사자가 뱀과 싸웠을 때, 또는 기독교가 다른 종교와 싸웠을 때 퍼시발이 사자를 보호해 주었다는 점이다. 셋째는 퍼시발 자신이 싸웠을 때이다. 이 때는 퍼시발이 욕정·음란한 것과 투쟁하는 것을 강조한다. 웬드 네이브는 대단히 높은 사명감과 도덕적 정의감을 갖고 있다. 그는 조심스럽고도 절묘하게 사용해야 할 자부심과 용기를 온몸에 지니고 있다.

---

19) 성배(聖杯) 신화에 나오는 기사 가운데 한 명.

🍎 상황 인식

이 카드는 거처나 직업이 변할 것이라는 메시지를 담고 있고 있다. 이렇게 이동하는 가운데 당신은 창조적인 자극을 주는 사람을 만날 것이다. 이것은 용기와 인내를 통해 당신이 영향력을 확장시킬 수 있는 기회가 될 것이다. 독창적인 생각이 대단한 장점이 될 것이다. 당신의 성공을 너무 많이 자랑하지 않도록 주의해야 한다. 카드를 읽을 때 이 카드가 나오면, 그런 성격의 소유자가 당신의 삶에 곧 나타난다는 것을 의미한다.

컵 에이스 (Ace of Cups)

(** 이 카드의 핵심은 직관적 세계)

컵(Cups) 조는 웬드(Wands) 조와 균형을 이룬다. 웬드가 표현적이고, 외향적이며, 적극적이고, 불같고, 밝다…면, 컵은 물 밑에 가라앉아 있고, 보이지 않고, 감정의 영역에 있고, 사람의 심연에 있다. 컵은 사랑과 아름다움, 기쁨, 행복, 치료 능력과 관련된다. 우리는 합리성이나 인과관계와는 상관없는 상상의 세계에 살고 있다. 컵과 웬드가 합쳐져서 창조적 행위의 표현력과 상상력의 원천을 동시에 제공해 준다.

하나의 상징으로서 컵은 인간의 정신과 꿈에 뿌리박고 있다. 컵의 테는 출생에서 죽음으로 이어지는 원과 같다. 그 증거를 동굴 벽화에서 찾을 수 있다. 그리스의 '신성한 혼합 그릇', 켈트족의 '환생의 가마솥', 돌로 된 그릇으로는 연금술사의 성배 등이 있다. 그러나 컵에 관한 가장 강력한 전설은, 그리고 지금은 해독하기 힘들 정도로 복잡한 전설은 성배의 전설이다. 따라서 이 전설에 관해서는 개략적으로라도 설명할 필요가 있다. 이것이 우리 책에도 가장 잘 어울리는 부분이다.

　부유한 유태인인 요셉(Joseph of Arimathea)은 예수의 사체를 묻도록 되어 있었다. 최후의 만찬 때 예수가 사용했던 성배도 그가 가졌을 것이라고 일반적으로 생각한다. 묘지에 묻기 위해 예수의 몸을 닦는 동안, 상처 부위에서 피가 약간 흘렀다. 요셉은 피를 닦기 위해 그릇을 사용했다. 예수의 시신이 없어진 뒤, 그는 성배를 훔쳐서 무덤에 던져버렸다는 죄목으로 기소되었다. 예수가 희미한 불빛 가운데 그 앞에 나타나 컵을 맡겼다. 그리고 그에게 미사와 그 밖의 신비한 관행들을 가르쳐 주었다. 그가 감옥에서 살아남은 것은 한 마리 비둘기가 날마다 날아와 컵 안에 [미사용] 성병(聖餠)을 채워주었기 때문이다. 그는 석방되자마자 추방되었다. 그는 최후의 만찬을 나타내는 첫 번째 '성배의 테이블'을 만들었다. 이 테이블에는 12명이 앉을 수 있는데, 예수 자리에는 물고기를 놓았고, 유다를 위한 13번째 자리는 비워 두었다. 이름은 시지 페릴루(Siege Perilous)[20]. 여러 세대가 지난 뒤, 구원의 산(Munt Salvach)에 사원이 세워졌고, 성배 기사들(Grail Knights)의 순서가 발견되었다. 왕이 상처를 입었을 때 그레일 성(Grail Castle) 주위 마을이 황량한 폐허가 되었다. 성배의 위치가 발견되자 그 왕은 병이 나았고, 토지는 다시 비옥해졌다. 이것이 바로 전설의 핵심이다.

　컵 에이스(Ace of Cups)의 중요한 측면이 치료이다. 여기에서는 깨끗하고 순수하게 해주는 물의 요소와 영감, 선견지명, 직관의 기술 등이 모두 강조된다.

　카드에 나오는 많은 상징들이 성배 신화에 나오는 이미지와 일치한다. 컵 둘레에 있는 12개 빛은 성배 테이블에 앉은 12명을 나타낸다. 요셉을 살아남게 해준 비둘기는 금성·성모·사랑의 여신을 상징한다. 이것은 컵도 마찬가지여서, 풍부한 모성을 나타낸다.

---

20) 테이블의 13번째 자리로서, 유다 이스카리옷을 위해 마련해 둔 자리임.

금성의 날(금요일)에 물고기를 먹는다. 카드의 아래에는 금성과 십자가의 이중 사인이 있다. 성배에는 검붉은 피(와인)가 들어 있다. 컵 위로 올라온 물고기는 피 흘리는 심장을 가진 테트라[譯註: 열대어의 일종]로 알려져 있다. 타로 카드가 놀이용으로 바뀌면서 컵이 중심적 위치를 차지하게 되었듯이, 테트라 심장의 중심이 컵 에이스의 핵심이다.

비록 성배는 현세에서는 이룰 수 없는 완벽한 것처럼 보이지만, 컵 에이스는 감정적인 충만과, 노력 뒤에 성취와 관련된다. 그것은 영양을 주고 풍요롭게 하는 용기이다. 그것은 가족에 출산할 가능성을 알려준다. 일반적으로 긍정적이고 활력을 주는 패이기 때문에, 점괘에 이 카드가 나오면 주변에 있는 다른 카드의 가장 긍정적인 측면을 부각시켜 준다.

🍎 상황 인식

이 카드는 당신의 인생에서 풍요로운 사랑이 시작되고 있다는 것을 나타낸다. 당신이 새로운 차원으로 받아들이기 때문이다. 가장 긍정적인 감정들을 경험할 새로운 기회가 당신 인생에 찾아오고 있다. 기쁨, 건강, 행복이 찾아올 것이다. 마음 안팎으로 좋은 기분이 드는 것을 느껴라. 이것은 돈으로도 살 수 없는 감정이며, 당신이 느낄 수밖에 없는 감정이다.

컵 2 (Two of Cups)

(** 이 카드의 핵심은 조화)

컵 2(Two of Cups)는 남녀간의 낭만적 결합을 상징한다. 이것이 바로 이 카드가 암시하고 포괄하는 내용이다. 역사적으로 연인이 약혼할 때는 컵(프랑스 쿠페)에 대고 했다. 그들은 '동반자'가 되었다. 여기서 암시하는 것은 낭만적 사랑이다. 한편으로는 성교와 욕망의 충족이 표현되어 있다. 그러나 더 높은 수준에서는 태양의 결렬한 에너지와 물의 의식적인 것 간의 결합, 결혼, 유혹, 이성 간의 결합이 나타나 있다. 이 결합은 완전하고도 성공적이다. 인도의 신비주의는 '물과 물이 합치는 것'처럼 축복스런 소통 과정으로 묘사한다.

이 카드의 특별한 디자인은 이집트 메나트(Menat)[21]에서 유래했다. 이 메나트는 파라오와, 남들이 신처럼 떠받드는 사람들이 사용한 부적으로, 남성이 여성에게 사정하는 것을 표현한다. 이 이미지는 남성을 나타내는 빨간색 컵과, 여성을 나타내는 파란색 달빛 용

---

21) 고대 이집트에서 사용된 부적 이름.

기 간에 성교를 나타낸다. 메나트는 죽은 뒤 천상에서 성적으로 강력한 힘을 갖게 될 것을 약속해 주는 부적이다.

점성술적으로 이 카드는 거해궁(게 자리)에 있는 금성의 지배를 받는다. 거해궁의 게 자리는 황도십이궁(黃道十二宮)에서 가장 포용력있는 궁(宮)으로서, 컵 2에서는 금성이 지배하는 감정적 영역과 결합해서 아주 친근하고 감정적으로 따뜻한 느낌, 대단히 편안하다는 느낌을 들게 한다. 컵 앞에는 게가 앉아 있다. 그것은 뭍에 살지만, 아가미 방에 물을 채우기 위해 주기적으로 물로 돌아가야 하는 양서류이다. 이것은 두 컵의 상호 보완적이고도 의존적인 속성을 나타낸다. 금성의 사인이 공중에 걸려 있는데, 이것은 남성(△)과 여성(▽)을 나타내는 삼각형 둘이 합쳐진 것이다.

여기서 발견할 수 있는 점성술적인 의미는 결혼, 동반자 관계, 낭만적 밀애, 약속, 친밀감이다.

🍎 상황 인식

컵 2의 초점은 관계, 서로 간의 공감, 결합에 있다. 이 카드는 모든 것이 분명하고 진실하다는 것을 나타낸다. 두 성의 결합과 조화를 나타내며, 낭만적, 가족적, 사업적 동반자 관계로서 협력하고 위로하는 것을 나타낸다. 사랑스런 결합으로 발전할 가능성이 있고, 열정이 솟아날 여지가 있다. 진심에서 우러난 감정적 교류가 있을 수 있지만, 지금은 드러나 있지 않다.

컵 3 (Three of Cups)

(** 이 카드의 핵심은 풍요)

숫자가 2에서 3으로 넘어가는 것은 다양성으로 나아가는, 명백히 돌이킬 수 없는 길이다. 따라서 3은 출산의 숫자이자, 일련의 사건들을 유발하는 숫자이기도 하다. 컵은 물의 속성을 갖고 있고 출산의 중개자로서, 이런 기조를 강화한다. 여기서 물은 대양, 검은 어머니 바나흐(Binah)[생명의 나무에서 세 번째 가지]이다. 바다 위로 떠오르는 컵들은 달걀 모양을 하고 있다. 위에 있는 두 개의 용기는 정액이 들어 있어 '풍요롭게' 된다. 이것이 자연스럽게 거해궁(게 자리)을 만든다.

점성술적으로는 거행궁에 있는 수성이 이 카드에 대응한다. 수성의 의지와 거해궁의 포용력이 가장 생산적이고도 풍요롭게 결합한다. 수성 사인은 밑에 있는 컵에서 볼 수 있다. 둥근 핵 부분은 삼각형 또는 이차원적인 기하학적 문향(Yoni Yantra)에서 '점'이 된다. 이것은 뒤집힌 삼각형으로 표현된 자궁에 태아 또는 씨앗을 나타내고, 밀교(密敎) 경전의 상징이다.

그림의 맨 위에는 라자스탄(Rajasthan)[22) 문화에서 유래한 사인이 있다. 보통 시골 여인들이 쌀로 쑨 풀로 집 벽에 그린 것으로, 다산(多産)과 풍요의 여신을 연상시킨다.

점괘에 이것이 나오면, 전체적인 이미지는 풍요, 사교성, 축하, 성적 쾌락, 출산 가능성, 고통스런 기억의 치료, 출산을 즐기는 것이 된다. 비록 이것들이 영원하지 않다는 것을 기억하면서도.

● 상황 인식

여기서는 기쁨, 행복, 창조성을 축하하고 있다. 당신은 삶에 대해 깊이 감사하게 될 것이다. 당신을 도와주는 친구들과 주위 사람들과 행운을 나누어라. 이런 축제 분위기에서는 일에 몰두하는 것이 어려울 것 같다. 그렇기 때문에 일에서는 조금 손해를 보겠지만, 정서적인 성장을 위해 이 기쁨의 시간이 필요하다. 남과 함께 하는 것이 당신의 일에도 도움이 될 것이다.

22) 인도·파키스탄·아프가니스탄 사이에 있는 지역 이름.

컵 4 (Four of Cups)

(** 이 카드의 핵심은 지루함)

이 카드에 영향을 미치는 것은 거해궁(게 자리)에 있는 달이다. 아주 수동적인 에너지를 나타낸다. 이것은 감정적 몰입으로 이어진다. 관능적 쾌락을 추구한 나머지, 개성, 성실성, 자기 절제의 힘이 발현될 여지가 거의 없다. 지도력이 될 만한 비전이나 고상한 원칙도 없다. 따라서 모든 것은 죽은 것이나 다름없다.

4라는 숫자는 질서 있는 구조를 나타낸다. 그러나 여기서 구조는 제약일 뿐이다. 직각의 선들이 이것을 보여준다. 전에는 어떤 경향이던 것이, 지금은 미로가 된다. 컵은 단조롭고, 전체 그림은 색깔이 없다. 단조롭고 불안하다. 변화, 특히 성장의 욕구가 충족되지 못하고 있다.

가운데 있는 상징과 올챙이 모양은, 중미에서 기우제 토템 디자인으로 쓰인다. 비록 컵이 물의 요소를 나타내지만, 여기서의 전체적인 분위기는 메마르고 황량하고 생명력 없는 위험한 상태이다. 따라서 기우제 이미지를 갖고 있다.

지금은 즐거울지 모른다. 그러나 걱정거리가 있어서 기쁨이 줄어들고, 과거의 일상적인 것들이 더 이상 만족스럽지 않게 된다. 이런 불만스런 과정을 지나야 새로운 영역으로 성장할 수 있다.

🍎 상황 인식

당신이 가는 길이 불만스럽고 따분하다면, 산만함에서 벗어나 깊은 통찰을 얻을 수 있도록 당신의 '진정한 마음'이 무엇인지 들여다 보라. 이렇게 자신을 재평가하는 동안에 당신의 미래가 완전히 바뀔 수 있다. 그러나 당신이 만족하는 가치 체계를 다시 세우기 전에는 사회 활동을 세계로 다시 시작해서는 안 된다.

컵 5 (Five of Cups)

(** 이 카드의 핵심은 상실)

　파란 하늘을 배경으로 순백색 컵 5개가 평화스럽게 놓여 있다. 그러나 그중 하나는 엎어져서 내용물이 흘러내리고 있다. 이것은 고요한 주변 환경과 강한 대조를 이룬다. 컵에서 스며나온 불빛 액체는 생기 없는 표면 아래에 숨겨진 어두운 세계를 나타낸다. 극적인 것에 대한 반감이 이 카드에 분명히 드러나 있다. 물을 상징하는 전갈궁(전갈 자리)에 있는 수성이 이 카드를 지배한다. 컵 역시 물과 직관적인 감정의 세계를 나타낸다. 그러나 숫자 5는 신비 철학에서, 불의 요소를 나타낸다. 일반적으로 구 질서를 뒤집어서 붕괴시킨다.

　컵 한 개가 엎질러진 것은 훨씬 바람직한 결과를 가져올 것으로 예상되던 환경에 혼란이 초래되는 것을 의미한다. 감정적 욕망이 좌절된다. 욥기(The Book of Job)[23]에서는 폭풍우를 몰고 오는 구

---

23) 구약 성서 중의 한 편. 義人 욥이 모든 재산을 잃고 병마에 신음하면서도 끝까지 신앙을 지킨 내용으로, 하느님의 사랑과 신앙의 위대함을 기록한 지혜 문학.

름을 하늘에서 물을 쏟아 내는 병에 비유했다. 이 컵은 감정을 쏟아 내는 매끄럽고 하얀 심장과 같다.

이 카드는 사랑하는 사람과 이별하고 관계가 깨질 시기라는 것을 나타낸다. 이런 특별한 상황에 부딪치면, 최선의 방법은 현실을 받아들이고 삶과 타협하는 것이다. '엎질러진 물'에 너무 집착한 나머지 실망하지 않도록 해야 한다.

🍎 상황 인식

지금은 잔뜩 실망할 때이지만, 의식적으로 노력해서 극복해야 한다. 당신은 사랑을 잃었지만 경험을 얻었다. 우울하고 의기소침하더라도, 비슷한 상황에 있는 다른 사람에게 하듯이 당신 자신에게 친절해야 한다. 꽃이 사랑의 존재를 상징하니, 사랑이 곧 다시 꽃을 피울 것이다.

컵 6 (Six of Cups)

(** 이 카드의 핵심은 어린 시절)

이 카드에 나오는 컵들은 연금술사들이 작업할 때 쓰던 '철학자의 꽃병들'이다. 철학자의 꽃병은 연금술에서 핵심적으로 중요했고, 알 또는 자궁을 상징했던 것으로 전해진다. 따라서 이것은 '정신의 증류' 또는 심사숙고한 뒤에 새로운 사상을 내놓고, 이것을 다시 종합하는 것을 함축한다. 사상이 철학자의 자식인 셈이다. 맨 위에 있는 꽃병 두개는 날개 달린 아이(사실상 이것은 수성이다. 아이 같은 마음을 나타내고, 연금술에서는, 16~17세기 의학 이론에서 정자 속에 있다고 믿었던 미소한 인체를 극미인(極微人)으로 부른다)와 수성의 상징이다.

중간에 있는 꽃병 두 개는 점성술적으로 전갈궁(전갈 자리;물을 상징함)에 태양(불)이 있는 것을 나타낸다. 이것은 둘 다 표현 능력과 감정의 깊이를 나타내고, 이 둘이 합쳐져서 기쁨, 즐거움이 된다. 그러나 전갈궁에 있는 태양은 선정적인 본성을 갖고 있다. 따라서 완전하게 성도착증에 빠질 위험이 있다.

밑에 있는 두 개의 컵에는 성적인 사랑을 나타내는 이집트식 상징과 신성한 사랑을 나타내는 수피족 상징이 있다. 이것들은 성인의 사랑과 아이들의 순수한 사랑으로 비쳐질 수 있다.

여기에 묘사된 에너지는 모두 성인(成人)과 그 자녀들 간의 관계를 말해준다. 성인은 자신의 과거 경험에서 나온 것으로, 향수에 가까운 과거에 대한 인식을 갖고 있다. 아이가 어른이 될 때, 경험상 사람이 어떻게 달라지는지를 전반적으로 재평가하게 된다.

점괘에 이 카드가 나오면, 그것은 먼 과거로부터 이어져 온 심각한 감정적 문제들을 직접 맞부딪쳐서 극복할 때라는 것을 예고한다. 이 문제들은 성적인 것일 수도 있고, 잠재의식 속에 묻혀 있는 것일 수도 있다. 그러나 이 카드의 전반적인 기조는 긍정적이다. 즐거운 기억을 갖고 있고, 자신의 성장 과정에서 일어난 사건들의 유형을 이해하고 있다. 심지어 과거 기억 속에 있던 옛 사랑을 떠올리기도 한다. 속성상 아이와 같은 표현의 자유를 새롭게 발견할 때 즐거움이 시작된다.

🍎 상황 인식

컵6은 몹시 유쾌하고 사랑스러운 카드이다. 운명이 살짝 꼬이면서 당신이 옛날에 만났던 사람, 느꼈던 감정, 추억, 냄새, 손길, 맛이 살아난다. 완전한 교감이 이루어질 것이다. 이런 향수 어린 감정은 어떤 선물이나 짧은 여행을 계기로 시작될 수 있다. 이런 추억으로 인해 당신은 어른, 특히 어머니가 모든 것을 아는 거인이며, 한 해가 영원하게 뻗어 있는 것처럼 보이던 시절을 떠올리게 될 것이다.

컵 7 (Seven of Cups)
(** 이 카드의 핵심은 환상)

여기 있는 컵들은 무당이 굿을 하거나 점을 볼 때 쓰던 그릇, 또는 북서 아마존 지역에 사는 토착 부족들이 사용하던 그릇 모양을 하고 있다. 이런 그릇으로 그들은 환각 상태에 빠지게 하는 환각제를 섞는다. 창조적인 상상력과 정신력을 얻는 것은 긍정적이지만, 지나치게 주관적이고 꿈에 빠져 잘못된 곳으로 이끌릴 위험이 있다. 감정을 객관적 진실이라고 믿는다면 엄청난 판단 잘못을 저지르게 될 것이다.

이 카드의 이미지는 가운데 있는 전갈이 압도한다. 이 카드는 전갈궁(전갈 자리)에 있는 금성이 지배한다. 금성의 감정적 특성이 자신을 가장 잘 돌보는 전갈궁의 특성을 강화시켜준다. 이것은 결국 기만적이고, 자기 자신까지도 속이게 된다. 점성술적으로 보면 이것은 가장 강력한 환각 상태로의 결합이다.

열망과 환상을 구별해야 하고 진정한 통찰 또는 비전과 바람을 구별해야 한다. 진실이 비록 불편하게 할 지라도 이를 직시해야 한다. 우리 모두가 자기만의 거품 의식 속에 살아가지만, 사실을 직시하고 객관적이 되려고 노력하는 것이 중요하다. 감정에 기초해서 결정을 내릴 때가 아니다.

🍎 상황 인식

당신은 백일몽을 꾸거나 사상누각을 짓고 있는 것 같다. 지금은 환상의 제물이 되지 않도록 사물을 명확하게 보아야 할 때이다. 당신은 지금 자신에 대해서 알아 가고 있으며, 창조적, 정신적 경험을 많이 쌓으려 한다. 일어날 수 있는 사태들에 대해 현실적으로 접근해야 한다는 것을 기억하라.

컵 8 (Eight of Cups)
(** 이 카드의 핵심은 굼뜸)

Eight of Cups

7은 예상할 수 없는 것을 나타내지만, 8은 분석적, 합리적 세계로 복귀하는 것을 나타낸다. 그러나 컵으로 표현되는 감정의 영역에서는 분석이 내면적으로 바뀌고, 이것이 극단적으로 내향적인 그림을 만들고, 외부 세계에 대한 태도를 변화시킨다. 물질적 성공은 의미가 없다. 물질적 보상이 현실 세계에서 가시화된다 해도, 자기 자신의 감정적 연못 이외의 것에 대해서는 관심이 없다. 게을러지고 시간을 허비할 위험성이 있다. 내면적 성찰이 지나쳐서 정신을 잠식하는 지경에 이르게 된다.

점성술적으로 이 카드는 쌍어궁(물고기 자리)에 있는 토성에 대응된다. 쌍어궁의 물은 잔잔하다. 그러나 시간을 지배하는 토성이 너무 무거워 천천히 움직이기 때문에, 잔잔한 물이 고여서 죽어 가게 된다. 앞마당에 있는 쌍어궁 물고기는 썩어 가고 있고, 컵은 금이 가고 깨져 있다. 토성의 상(像) 자체도 부식된 상태이다. 전체 분위기를 보면, 감각없이 시간이 흐르는 동안 무시되고 잊혀지고 부패하게 된다.

정신적으로 성장하기 위해서는 내면적 성찰이 필요하고도 유익하다. 이를 통해 세속적인 목적들과 거리를 둘 수 있다. 그러나 이런 내성적 분위기가 지나쳐 감정에 너무 빠져드는 것은 부작용을 낳는다.

☙ 상황 인식

지금은 감정적으로 성가신 일에서 벗어날 때이다. 다른 사람과의 관계에 지나치게 신경 쓰거나 남 좋은 일을 하느라고, 제 할 일을 다하지 못한다. 당신은 너무 많은 것을 남에게 주었다. 당신은 희생할 만한 가치가 있는 것을 애써 찾으려다, 이미 찾은 것까지 버리고 있는 것 같다. 이제 새로운 방향을 찾을 기회를 가질 것이다.

컵 9 (Nine of Cups)

(** 이 카드의 핵심은 소망 충족)

9개의 컵은 전통적으로 동양의 의례 문화에서 헌주(獻奏)를 하거나 헌신(獻身)할 때 쓰는 제기들이다. 이 컵들이 만다라 안에 놓여 있고, 빨간 꽃과 성수(聖水)가 채워져 있다. 이것들은 보통 기도나 소원, 명상 의식을 수반한 공양에 쓰인다. 전세계적으로 기도 의식이나 명상 의식은 3이란 숫자와 관련된다. 삼위일체, 또는 동양에서 우주의 창조·보호·파괴를 대표하는 삼신이 그 예이다. 마찬가지로 9라는 숫자는 3×3으로, 3배법에서 가장 즐거운 경우로 인식된다. 이것은 엄청난 성공을 가져다준다. 따라서 이 카드를 해석하는 일은 아주 행복하고 기쁜 일이다. 비록 그 기쁨이 그리 깊지 못하고 아주 단기간에 그치고, 관능적일 지언정.

빨간 꽃은 난초이다. 전세계에 수천 종이 있다(문화에 따라 신도 수천 가지 다른 얼굴을 하고 있듯이). 항상 꽃잎과 꽃받침은 3개씩이다. 꽃이 7개 컵에 꽂혀 있고, 나머지 컵 둘은 향과 성수를 담는데 쓰인다. 그림 속의 신은 비시누(Vishnu:보호의 신)이다. 이 신은 삼위일체에서 브라마신(창조의 신)과 시바신(파괴의 신) 사이에 앉아 있다. 그는 세상을 영속적으로 유지시킨다. 따라서 그는 유지시켜 주는 인물이자, 기도에 대한 대답이다. 전설에 따르면, 비시누신은 지구에 9번 환생했다. 10번째 환생은 우리가 살고 있는 현세(Kali Yuga)가 끝날 때 이루어질 것이다.

점성술적으로 9개의 컵은 쌍어궁(물고기 자리)에 있는 목성에 대응한다. 쌍어궁의 사인은 맨 앞에 있는 컵에서 볼 수 있다. 목성의 번개와 쌍어궁의 물고기가 컵을 떠받치는 만다라의 주요 요소이다. 목성은 쌍어궁과 잘 결합해 만족과 축복을 가져다준다.

🍎 상황 인식

당신은 소망을 이루었고, 만족하고 있다. 기대하지 않던 방식으로, 또는 생각보다 더디게 이루어졌지만, 지금은 당신에게 아주 운이 좋은 때이다. 장기적으로 당신에게 가장 좋은 것을 원하라. 바라는 것을 이룰 것이기 때문이다. 당신은 육체적으로 편안하고 만족할 것이다. 이런 휴식은 치료의 효과가 있어서, 먼 훗날 일이 어려워졌을 때에도 계속된다. 그래서 당신은 아주 만족한 가운데 궁극의 목표를 얻을 수 있을 것이다.

컵 10 (Ten of Cups)

(** 컵은 모든 수준에서 가득 차 있다. 이 카드의 핵심은 충만)

10은 보통 완전한 힘을 나타낸다. 여기서는 '원하는 것을 얻고, 원치 않았던 것도 결국 발견하게 된다.' 포만감과 충만감을 갖게 된다. 컵은 가득 차 있고, 가득 찬다는 것은 더 이상 받아들일 수 없다는 것을 나타낸다. 그러나 긍정적으로 보면, 고소 당하지 않고 감정적인 문제들을 해결하는 시기이다. 공동체를 위해 봉사하고 이들을 치료해주는 시기이다.

그림에는 쌍어궁(물고기 자리)에 있는 수성을 나타내는 상형문자가 있다. 이것은 최종적인 요소를 강조한다. 쌍어궁은 황도십이궁의 마지막 궁으로, 평화롭고 정신적으로 고양되어 있다. (여기서는 거의 만족스런 상태이다.) 거의 완성된 상태는 어쩔 수 없이 수성의 분열적인 힘에 맞닥뜨릴 수밖에 없다. 컵은 단조롭다(그것들은 충만의 순간에 빛을 잃는다.) 그것들은 신비한 생명의 나무 형태로 배열되어 있고, 컵의 속성인 물을 배경으로 하고 있다.

생명의 나무는 최상의 것에서 세속적인 것에 이르기까지 절대자의 모든 특성을 담고 있는 10개 영역 또는 10개 가지로 구성되어 있다. 거의 알려지지 않은 이 나무의 한가지 측면은 타로 카드 전체에서 중요한 의미를 지닌다. 그 한가지 측면이란 타로 카드가 구조적으로 7배수 법과 3배수 법을 따른다는 점이다. 이것은 타로 카드 전반에 일관되게 반영되어 있다. 세 개의 수직적인 기둥이 있고, 7개의 수평적인 평면이 있다.

따라서 각각의 컵은, 그에 해당하는 생명의 나무 가지의 특성들을 나타낸다. 생명의 나무 구조에 관해서는 몇 권이라도 책을 쓸 수 있지만, 여기서는 이 카드를 이해할 수 있도록 최소한만 설명하겠다.

☞ 맨 위에 있는 케터(Kether)는 가장 순수하고 결점이 없다. 모든 잠재력의 원천이다. 최상의 왕관이 이것을 상징한다.

☞ 초크마흐(Chokmah)는 태양 에너지를 쏟아 내고 있다. 남근적 또는 남성적 요소로서, 여기에는 불로 표현된다.

☞ 비나흐(Binah)는 불의 에너지를 조화시킨다. 여성적 속성을 가진 대양이다. 이 컵은 대양을 나타내는 검정색 물로 채워져 있다.

☞ 체세드(Chesed)는 건물, 측정, 질서 창조의 영역으로 구체(球體)와 십자가로 표현된다.

☞ 게부라흐(Geburah)는 창조에 필요한 파괴적 측면이다. 체세의 질서와 대칭된다.

☞ 티파레드(Tiphareth)는 아름다움, 속죄를 통한 치유, 희생을 통해 얻어진 지혜를 나타낸다. 골고다 언덕의 십자가로 표현된다. 이 지혜가 생명의 나무 전체의 핵심이다.

☞ 네차흐(Netzach)는 감정, 사랑, 신비주의이다. 신비철학에서는 장미가 이를 상징한다. 자연은 꽃의 부드러움과 가시의 날카로움을 동시에 포함하고 있다.

☞ 호드(Hod)[24]는 구체적인 마음과 합의, 언어의 사용을 나타낸

다. 추상적인 것에 이름을 붙이려고 말을 사용한다. 컵에는 전통적으로 인도의 성현들이 사용했던 108 염주가 있다. 염주 알 각각은 신의 이름을 가리키는 것으로, 커다란 염주알은 지켜보는 존재이다.

☞ 예소드(Yesod)는 행사되기를 기다리는 대단한 권력이다. 별의 평면 또는 영원한 수준을 나타낸다. 향내음이 영원한, 사원 같은 속성을 전달해준다.

☞ 맬쿠드(Malkuth)는 완성, 땅의 속성을 가진 가지이다. 여기 보이는 길이가 똑같은 십자가는 균형을 나타낸다.

🍎 상황 인식

컵 10에서 당신은 정신적으로 가족 같은 사람들을 발견한다. 당신은 목표를 이루었고, 지속적인 성공과 가정의 행복을 얻게 될 것이다. 친구와 친척, 사업 동료들과 힘을 합치면 더욱 평판이 높아질 것이다. 올바른 행동을 통해서 당신은 동료를 존중하고 또 존경받게 된다.

---

24) 신비한 '생명의 나무'에 표현된 10단계 중 하나.

컵 킹 (King of Cups)

(** 이 카드의 핵심은 동요)

컵 킹(King of Cups)의 지배적인 특징은 갈등이다. 이 갈등은 킹의 '남성다움'과 컵의 '여성다움' 사이에서 일어난다. 웬드 퀸(Queen of Wands)은 갈등적 요소인 불과 물이 균형을 이루지만, 컵 킹은 이 둘을 대립시킨다. 그럼으로써 자기 안에서 끊임없이 투쟁하고, 자기 자신의 표현능력을 제한하며, 특히 밖으로 표출하려는 야망을 제한한다.

이 갈등을 카드 전체에서 볼 수 있다. 금빛 장식은 푸른색 심연과 강한 대조를 이룬다. 왕을 둘러싼 수중 생물로는, 한편에는 전갱이과 물고기가 있고, 다른 한편에는 남근을 상징하는 용이 있다. 심지어 쌍어궁(물고기 자리)은 여기서 삼지창으로 표현되는데, 두 개의 달이 반대 방향으로 등을 돌리고 있다. 삼지창은 땅에 꽂혀 있고 사용되지 않는다. 사실상 왕은 결과적으로 자신의 수동적인 본성을 선호하는 경향이 있고, 그의 기분은 열정과 침울함 사이에서 왔다갔다한다.

왕이 한 손을 컵에 올려놓고 있다. 이것은 카드의 핵심 이미지이면서도, 충분히 관심을 끌지 못한다. 그는 다른 수평선을 찾아 두리번거린다. 이 '심연의 지배자'는 운명이 요동치면 쉽게 흔들리고, 외부 조건에 쉽게 영향받는다. 이 군주는 쇠약해졌다. 그는 초점도, 지속성도, 목적도 없다.

그는 충분히 즐겁고 친근하고 편안하다. 항상 대결보다 평화를 선호한다. 그의 말은 해마인데, 그는 말을 타고 있지 않다.

🍎 상황 인식

지금은 감정에 호소하고 상황을 이해하려는 진지한 노력이 중요하다. 당신의 감정을 이해하고 자제함으로써 감정을 잘 다스려야 한다. 격렬한 감정을 평온한 것처럼 묻어 두려고 하는 것은 위험하다. 컵 킹이 점괘에 나타났다는 것은, 그런 성격의 사람이 당신의 인생에 곧 나타날 것이라는 것을 의미한다.

컵 퀸 (Queen of Cups)

(** 이 카드의 핵심은 힘의 전달)

　　컵(Cups)은 물이 나타내는 직관의 세계를 상징하고, 여왕(Queen)은 궁정 카드 중에서도 직관력이 가장 뛰어나다. 따라서 이 카드는 이중적으로 물의 속성을 지니고 있다. 여왕은 아주 감정적인 사람이지만, 안정된 상태에 있다. 그녀의 주요한 특성은 아주 미묘한 느낌까지도 받아들이고 전달할 수 있는 힘을 갖고 있다는 점이다. 사실 그녀는 그녀 자신의 진정한 본성이 무엇인지 분간하기 어려울 정도다. 주위에서 일어나는 일들을 너무나 정확하게 반영한다. 여기서 그녀는 물의 영역인 안개와 기포에 둘러싸여 있음을 볼 수 있다. 거울에 비친 이미지가 실제 이미지보다 더 선명하다.

　　점성술적으로 그녀는 거해궁(게 자리)을 나타낸다. 게의 전형적인 상징은 컵을 떠받치고 있는 선반의 디자인에서 찾아볼 수 있다. 게처럼 생긴 점성술적 문양이 그녀의 감정 세계의 토대가 된다. 그녀는 꿈꾸듯 생활함으로써 약해진다. 때로는 굴절된 현실을 살아간다. 게가 단단한 껍질 속에서 살아가듯이, 꿈으로 이루어진 거품

88

속에서 살아가는 것 같다. 마찬가지로 그녀가 원하는 것을 향해 똑바로 나아가지 못하고, 옆으로 접근하는 것도 게를 닮았다.

그러나 이런 나약함과 취약성에도 불구하고, 가슴에는 포용적이고 자비로운 순수한 영혼을 갖고 있다. 컵 퀸의 점괘를 읽을 때는, 그녀와 주변의 다른 카드가 어떤 관계를 갖고 있느냐에 따라 해석이 아주 달라진다.

🍎 상황 인식

지금은 별로 운이 좋지 않다는 것을 깨닫는 때이다. 사람들이 정서적으로 안정을 얻도록 돕고 보살펴야 할 때이다. 여승이 컵 퀸과 가장 직접적으로 교류하기 때문에 당신의 직관은 크게 고무되었다.

이런 도움은 예기치 않게 주어지며, 그들이 독립할 수 있도록 도울 수 있다. "어떤 사람에게 물고기 한 마리를 주면 하루를 먹겠지만, 물고기 잡는 법을 알려주면 평생을 먹고 살 것이다"라는 중국의 옛 속담을 기억하라. 점괘에 컵 퀸이 나타났다는 것은 그런 성격의 사람이 당신의 인생에 곧 나타날 것이라는 것을 의미한다.

컵 네이브 (Knave of Cups)
(** 이 카드의 핵심은 감추기)

금방 알 수 있는 이 카드의 한가지 측면은 강한 원색을 쓰고 있다는 점이다. 문자 그대로 '원색적'이어서, 색깔 자체가 컵 네이브(Knave of Cups)에 담긴 의미를 드러내준다. 불, 물, 공기의 세 가지 요소가 각각 빨강, 파랑, 노랑 색으로 표현되어 있다. 급사(knave) 자신은 완전히 파란색이다. 그가 메고 있는 컵도 마찬가지로 파란색이다. 그는 완전히 감정의 지배를 받고 있다. 그의 심장에는 낭만적 이상주의자, 완벽주의자의 피가 흐른다. 이것이 그를 연약하게 만든다. 그래서 자기 자신을 위해서 가면을 만드는 일에 많은 관심을 기울인다. 그의 가면은 아주 성공적이지는 못하다. 그는 자신의 감정을 억누르고, 솔직한 느낌을 감추기 위해 열심히 노력한다. 그의 주위는 거의 합리적 세계를 나타내는 노란색 일색이다. 지성이 감정을 빨아들이는 것이다. 그럼에도 불구하고, 그의 불 같고 진정한 열정은 선명한 빨간색으로 그려져 있고, 아무리 감추려고 해도 여전히 선명하기만 하다.

‘감추기’가 바로 이 카드의 핵심 의미이다. 성배(聖杯)를 갖고 싶은 강한 욕망을 고요하고 비밀스러운 외양 속에 감추었던 갈라하드(Galahad)[25]처럼, 컵 네이브도 자신의 강렬하면서도 열정적인 내면 세계를 무표정한 가면으로 감추려 한다. 그는 전갈궁을 나타낸다. 이것은 흔히 아주 관능적이고 성적인 것을 나타낸다. 음부를 덮고 있는 전갈은 강한 성적인 충동이 위험한 방식으로 억눌리고 있음을 나타낸다. 이 특별한 형태의 전갈을 ‘사이비 전갈’이라고 부른다. 세상에 냉정하고도 계산된 얼굴을 내미는 사람의 이름치고는 역설적이다.

빨간색 물결 모양은 고의적으로 모호하게 처리되었다. 그것은 액체와 같다. 급사의 몸 속에 있는 생명의 피를 나타내는 것 같다. 그러나 그것은 불같은 성질을 갖고 있는 남근을 상징하는 뱀일 수도 있다. 감추는 것이 그의 무기이다.

점괘에 이 카드가 나오면, 결혼이나 강한 낭만적 욕망과 관련되어 있음을 뜻한다. 그러나 비현실적인 이상주의의 요소를 갖고 있을 가능성이 높다. 진한 감정이 배어 있는 사건이 생겼다 사라지는 것을 가리킬 수도 있다. 컵 네이브는 관능적이고, 강력하며, 자기의 권력을 보호하기 위해 조심스럽다.

🍎 상황 인식

지금은 풋풋한 사랑의 감정을 느끼게 될 때이다. 이 카드는 감정과 감수성이 아주 예민한 사람이 오가는 식의 많은 움직임을 상징한다. 밝고 매력적이고 반가운 손님이더라도, 그가 감정적으로 상

---

25) 성배(聖杯) 신화에 나오는 기사 중 한 명.

처받았을 때는 어둡게 보일 수도 있으며, 심지어 다른 모습으로 보일 수도 있다. 가장 나쁜 경우, 그가 헤픈 돈 주앙 타입으로 보일 수도 있다. 점괘에 이 카드가 나타났다는 것은 그런 성격의 사람이 당신의 인생에 곧 나타날 것이라는 것을 의미한다.

스워드 에이스 (Ace of Swords)

(** 이 카드의 핵심은 분석적 마음)

스워드 에이스(Ace of Swords)는 자연적인 권력이 아니라 간청해서 얻은 권력과 관련이 있다. 달리 말해서 일부러 선택해서 얻은 권력인 셈이다. 이 카드는 분석과 논리에 기초해서 결정을 내리는 것과 관련된다. 강력한 칼을 휘두르기 위해서는 위대한 힘이 요구된다. 마찬가지로 엄청난 도덕적 성실성이 요구된다. 권력을 자비롭게 행사하느냐 사악하게 행사하느냐가 칼을 휘두르는 사람의 도덕적 선택에 달려 있기 때문이다. 우리는 살아가면서 날마다 순간마다 끊임없이 선택을 한다. 이 선택은 보통 상황에 대한 분석적인 평가를 토대로 내려진다. 이런 선택은 우리의 행동에 영향을 미치고, 결과적으로 우리가 사는 세상을 결정한다. 모든 문화가 하나를 선택하고 다른 것을 거절하는 선택의 과정이다.

이 카드의 그림들은 세상살이의 모호함을 표현한다. 사람들은 옳고 그른 결정 사이에서 신중해지려고 노력한다. 하늘은 밝음과 어둠이 공존한다. 전통적으로 비둘기는 평화와 순수의 상징이다. 그러나 아메리카 원주민 부족들과 같은 여러 문화권에서는 죽음과 신음을 상징하기도 한다. 이 카드에는 삼위일체(三位一體)를 나타내듯 비둘기 세 마리가 있다. 그러나 삼위일체는 없다. 비둘기 세 마리가 제각기 반대 방향으로 날아가기 때문이다.

새는 또 공기의 요소를 나타낸다. 공기의 요소는 사상과 지성의 영역으로서, 모든 칼들을 지배한다. 이 요소는 이집트 문화에서 날개 달린 디스크로 표현되었다. 공기와 정신 세계가 연결되어 있다는 것은 생각이 공기를 통해서 전파되는 데서 찾을 수 있다. 그러나 이 타로 카드에서 모든 에이스는 날개나 새의 이미지를 갖고 있음을 주목할 필요가 있다. 각 조의 에이스 안에는 다음 조로 나아가려는 초월의 씨앗이 담겨져 있기 때문이다. 따라서 그 움직임은 상향적이고, 그 여정이나 진보의 상징물은 날개이다.

해골이 말해 주는 것은, 우리가 어떤 길이나 목적을 선택하면, 그 나머지 길은 우리에게 죽은 것이나 다름없다는 것이다. 우리가 갖고 있는 가느다란 검 같이 생긴 정신적인 칼날은 깔끔하게 잘라낼 수 있다. 따라서 우리는 조심스럽고도 신중하게 그것을 사용해야 하고, 선택할 때는 객관성을 유지하고 노력해야 한다. 우리가 살아가면서 내리는 결정이 하찮고 사소할지라도, 아주 장기간 영향을 미치는 결과를 초래할 수 있다.

🍎 상황 인식

장기적인 목표를 세우고 즉시 시작하라. 죽은 나뭇가지를 잘라내는 것처럼 어떤 것을 깨버려야 할 수도 있지만 무리를 하거나 속임수를 쓰지는 말아야 한다. 부당한 속임수를 쓰거나 누구를 벌주기 위해 강력한 힘을 쓴다면, 인과응보의 법칙이 당신의 운명을 결정할 것이다. 이 카드는 공격과 방어가 다 가능한 양날의 칼로 이해될 수 있다. 형식이 아니라 원칙에 집중해야 한다.

스워드 2 (Two of Swords)

(** 이 카드의 핵심은 타협)

비록 완전한 평정과 광명의 그림은 아닐지라도, 이 카드는 평화의 카드이다. 평화는 싸운 뒤 화해한 결과다. 그러나 이 휴전은 인위적이다. 이면을 들여다보면, 여전히 불화가 가시지 않았다.

칼은 양날을 가진 큰 칼이다. 좌우에 있는 칼은 조화를 가져다주는 것을 나타낸다. 달리 말해서 양쪽 주장과 관점을 모두 분석함으로써 임시로 해결책이 마련된 것이다. 그림에 있는 원형 그 자체가 보호를 상징한다. 당분간은 커다란 양날의 칼이 보호해준다. 행운을 가져다준다는 많은 부적들이 원의 형태를 띠고 있는 것도 그 때문이다.

스워드 2(Two of Swords)는 천칭좌(저울 자리)에 있는 달의 지배를 받고 있다. 달은 보통 상궤를 벗어난 것을 나타내는데, 이 그림에서는 안정적이다. 그러나 달이 검은색이라는 것은 무언가 감추고 있음을 나타낸다. 문제에 대한 해결책을 찾기가 어렵다. 빛이 통과할 수 없을 정도로 침침한 배경 색깔이 그 같은 생각을 강화시켜준다.

전반적 분위기는 고요함이다. 그러나 폭풍 전야의 고요일 가능성이 크다. 모든 장애물들이 아직 극복되지 않았다. 현재 방패, 칼, 원에서 발견할 수 있는 안전과 보호는 일시적인 것이다.

🍎 상황 인식

막다른 궁지에 몰리거나 일이 늦어져서 골몰하는 데 시간을 들이지 않도록 조심해야 하지만, 다른 사람의 관점도 신중하게 생각해야 할 때이다. 절충하고자 하는 마음에서 양보가 나오고, 절충의 재능을 통해서 공격으로는 얻을 수 없는 것을 얻어낼 것이다. 당신이 모든 퍼즐 조각을 다 가질 수는 없더라도, 사물이 본연 그대로 있게 하라.

스워드 3 (Three of Swords)
(**이 카드의 핵심은 정신적 불만)

Three of Swords

이 카드는 전체 카드 중에서 가장 근심스런 이미지를 갖고 있다. 심리적 고통의 본질에 관해 할 말이 많다. 여기서는 정신력을 과도하게 사용한 것이 감정 센터를 지배하고 파괴했다. 세상을 점점 더 잘게 나누고 분석하는 마음의 칼들이 사실상 심장을 찔렀고, 사랑하고 느끼고 돌보아 줄 수 있는 잠재력을 심하게 손상시켰다. 광기의 씨앗이 뿌려지고 있다. 3은 보통 행동이 시작하는 것을 나타낸다. 그러나 이번 경우에는 균형을 잡지 못하고 안절부절못하고 원칙조차 없는 마음의 움직임이 부정한 악마만을 만들어 낸다.

칼자루에는 토성과 천칭궁의 상징들이 있다. 상황이 심각하게 균형을 잃어버릴 때, 원래 상태로 적당히 회복하거나 균형을 유지하기 위해서는 토성이 천칭궁의 무게와 균형을 이루어야 한다. 달리 말하면, 흔히 토성과 관련된 고난과 어려움은 고통스런 상황에서도 교훈을 얻을 것이 많다는 것을 보여준다.

● 상황 인식

당신이 맺고 있는 관계에서 모순이 현실로 드러날 것이다. 누군가 당신의 믿음을 파괴해서, 당신의 보호막은 약해졌다. 당신은 상처받았다는 느낌 때문에 고통스럽다. 당신의 진정한 본모습인 육신에 담긴 영혼은 경험의 소산물이라는 것을 명심하라. 지식을 추구하는 영혼으로서 당신의 진정한 목적 역시 마찬가지이다. 다른 사람에게 준 사랑을 당신 자신에게도 주라. 그러면 슬픔은 정복될 것이다.

스워드 4 (Four of Swords)

(** 이 카드의 핵심은 연민)

Four of Swords

　스워드 4(Four of Swords)는 정신적인 경지에 이르거나 질서를 잡는 것을 나타낸다. 마음을 무디게 하는 것이 아니라, 오히려 정신적 균형에 도달하기 위해 지성을 갈고 닦는 것이다. 세 번째 칼이 두 칼의 균형을 깨더라도, 네 번째 칼이 다시 휴전시킨다. 이것은 금성의 긍정적인 영향 덕분이다. 천칭궁에 목성이 결합하면 종교에 가까울 정도로 자비심과 감각을 갖게 된다. 멀찌감치 뒤로 물러서서 명상하는 시기이자 물질적인 삶의 가치와 거리를 두는 시기이다. 휴전 상태에는 도달했지만, 영원한 평화를 이룬 것은 아니다. 미래를 준비하면서 마음이 더 강해지고 있다.

　범신론은 이슬람교의 내밀한 측면이다. 그 핵심은 자비와 순수, 신에 대한 헌신이고, 이것들이 이 카드의 핵심 주제이기도 하다. 그림 아래에는 '신께 영광을'이라는 아랍어가 적혀 있다. 여기에 있는 칼들은 신비한 법을 떠받드는 것이지만, 동시에 그것들은 양피지에 적힌 신의 이름 주위에 보호 덮개 같은 형태로 엮여 있다. 여기에 있는 족자는 그 자체로 법, 도그마, 성전이 완성된 것을 나타낸다. 이것은 물질적인 세상에서 정신적 단어가 부각되도록 하는 지성 덕이다.

따라서 전체적인 그림은 명상의 최고 경지, 악마와 어둠의 세력으로부터 보호하는 것을 나타낸다. 그러나 핵심 의도는 자비롭고 순수하다.

🍎 상황 인식

당신은 여행길에 이 부처를 만났다. 부처는 이제 당신에게 내면을 들여다보고, 받아들이고, 이해하는 것을 가르칠 것이다. 그렇게 하는 가운데 당신은 치유되고 회생될 것이다. 지금은 전략적 후퇴의 시기이다. 삶의 분명한 혼돈에서 물러날 수 있는 신성한 곳을 찾아라. 반성과 자기 점검, 명상이 필요하다. 푹 쉬고 나면 당신은 마음 깊은 곳에서 우러나오는 안내를 받을 것이다.

스워드 5 (Five of Swords)
(** 이 카드의 핵심은 나약함)

다섯 개의 칼이 뒤집어진 5각형 모양을 하고 있다. 이것은 확실히 시작을 알리는 전조가 아니다. 가운데 있는 까만 별은 꼭지점이 5개인 게부라(Geburah)의 별이다. 생명의 나무(Tree of Life)에서 가장 분열적인 가지이다. 이 별의 점들 주위에는 한자 5개가 적혀 있다. 위에서부터 시계 방향으로 金, 水, 木, 火, 土이다. 동양 전통에 따르면, 각 요소는 차례로 다른 요소에 의해 파괴된다. 칼날이 나무를 쪼개는데서 알 수 있듯이, 金은 木을 파괴한다. 木은 土를 파괴한다. 이것은 고대에 나무로 만든 쟁기로 쟁기질을 하는 것을 보면 알 수 있다. 土는 진흙으로 변하면서 水를 파괴한다. 水는 火를 끄고, 火는 金을 녹인다. 분위기가 불길하다. 벼락을 맞듯이 운명의 희생타가 될 것 같은 느낌이다.

보병궁(물병 자리)과 금성이 결합한 것이 스워드 5를 지배한다. 금성은 혼란스럽고 쉬지 않는 행성으로서, 분화구로 덮여 있다. 그림 아래에 있는 지그재그식 형태가 보병궁의 사인이다. 전체적으로 구름이 잔뜩 낀 모습이다. 어떤 결실도 맺기 힘들다. 자기 자신에 몰입하거나 자기 연민을 느낄 시기가 아니다. 그러나 문제가 심각해 자신이 위협받을 정도가 되면 품위있고 겸손하게 패배를 인정해야 한다. 너무 늦었다면 쓸데없이 자기를 주장할 필요가 없다. 칼이 나타내는 지성 대신, 금성이 나타내는 감성과 보병궁이 나타내는 수동성이 자리를 차지하고 있다.

🍎 상황 인식

승리를 얻을 수 없거나 대가가 너무 크면 싸움을 포기해야 한다. 이 점을 받아들여야 한다. 미래를 생각할 때, 지금의 폭풍은 지나가는 것이라는 사실을 기억하라. 복수나 원망을 할 필요가 없다. 그래봐야 당신이 갖고 있는 귀중한 자원을 낭비하는 것일 뿐이기 때문이다. 이길 가능성이 없으면 떠나는 것이 최선이다. 그럴 수 있을 정도로 당신이 운이 좋다면 말이다.

스워드 6 (Six of Swords)

(** 이 카드의 핵심은 분명한 마음)

칼의 에너지는 흔히 균형을 유지하기 어렵지만, 이 카드에는 칼의 그런 속성이 분명히 표현되어 있다. 칼을 적절하게 사용하는 것을 보면 분석적인 속셈이 있다는 것을 알 수 있다. 이런 속성 때문에 탐닉하지 않고 신중함과 지성을 조화시킬 수 있는 것이다.

중세 시대의 '철학자의 달걀'에는 다른 어떤 것보다 고상한 새가 포함되어 있다고 전해진다. 철학의 목적은 번뜩이는 칼로 달걀을 가르는 것이었다. 따라서 이 카드는 철학, 과학, 천문학, 의학 등의 개념을 개발하도록 하는 잘 갖추어진 지성에 관한 것이다.

이 카드의 다른 측면은 여행, 특히 수상 여행에 관한 것이다. 이런 특성은 점성술적으로 보병궁에 대응하는 수성에서 배태되었고, 배의 항해에서 그것을 볼 수 있다. 이 배는 천문학을 존중해서 별을 보고 항해한다. 배와, 중앙에 있는 두 개의 커다란 칼은 과학적으로 앞서 있던 이집트에서 유래한 것이다.

이 카드는 여행, 특히 수상 또는 해상 여행을 하는 행운의 시기를 나타낸다. 밤 하늘은 보병궁에 수성이 들어가 있을 때의 북반구 남쪽 수평선을 보여준다. 밤 하늘은 암흑에서 새벽으로 바뀌고 있는데 이것은, '어둠에서 벗어나는 것' 또는 불안 뒤에 안정을 되찾을 때라는 것을 보여준다.

🍎 상황 인식

방향을 바꾸는 것이 당신에게 새로운 전망을 열어줄 것이다. 해묵은 문제를 해결하고 새로운 것을 얻게 될 것이다. 어려운 시기는 이제 끝났고 변화라는 사나운 파도를 거쳐 탄탄대로를 가게 될 것이다. 마음을 고쳐먹으면, 당신은 세상을 바꿀 수 있다. 당신의 세상은 마음 상태에 따라 크게 좌우되기 때문이다.

스워드 7 (Seven of Swords)

(** 이 카드의 핵심은 반대)

이 카드는 6개의 작은 칼에 둘러싸인 하나의 커다란 칼 또는 단도의 이미지를 갖고 있다. 가운데 있는 단도는 티벳식 디자인으로 마술사들이 악마로부터 자신을 보호하기 위해 사용하는 것이다. 7개의 칼은 갈등과 싸움, 자신의 요구는 하나도 양보하지 않으면서 적을 누그러뜨리는 방법과 관련된다.

커다란 단도 주위에 뒤엉켜 있는 모습은 기독교 이전 시대에 보호의 상징이다. 그러나 자기를 보호한다는 명분에 이끌려 쓸데없는 데에 힘을 쏟지 않도록 조심해야 한다. 이 카드가 스워드(swords) 조이기 때문에, 당면한 문제(아마도 강력한 반대에 부딪쳐 있을 터인데)를 푸는데 자기 자신의 재치와 지성을 쏟는 것이 낫다. 직접적인 대결을 피해야 하는 시기이다. 이 상황과 웬드 7(Seven of Wand) 상황이 비슷하다. 웬드 7의 경우에는, 승리하기 위해서는 용기만 있으면 되었다. 그러나 여기서는 훨씬 더 많은 교활함이 요구된다.

이 카드를 지배하는 것은 보병궁(물병 자리)에 있는 달이다. 달의 직관력은 공기 사인인 보병궁의 합리성이나, 칼의 정신적 영역과는 통하는 것이 거의 없다. 이것을 보면, 부적절하게 고안된 계획과 주장·난관들이 개선될 필요가 있음을 알 수 있을 것이다. 지식을 상황에 적용시켜야 하고, 그것도 현명하게, 고답적이지 않게 적용해야 한다.

❧ 상황 인식

당신을 가로막고 있는 장애에서 벗어나려면 논리적이고 참을성이 있어야 한다. 눈가림에 의존해서는 안 된다. 당신에게 닥친 곤경은 흔히 당신 스스로 만든 것이라는 사실을 받아들여야 한다. 그리고 부정적 행동 패턴이 반복되지 않도록 하고 확신을 갖는 것만이 반대 세력을 도와주지 않는 길이라는 사실을 알아야 한다.

스워드 8 (Eight of Swords)

(** 이 카드의 핵심은 간섭)

여기서는 마음이 분산되어 있다. 집중력이나 통일된 비전이 없다. 칼은 창살 문이 닫힌 모양을 하고 있다. 이것은 에너지가 꽉 막히거나, 우연히 방해받는 것을 나타낸다.

점성술적으로 쌍자궁(쌍둥이 자리)에 목성이 결합된 것은, 아주 좋은 일이 생길 수 있지만, 제한적이고 단기간에 그치리라는 것을 나타낸다. 목성의 자비롭고 확장적인 속성은 쌍자궁의 방향성 상실에 의해 분산된다. 에너지가 소진되고 생각들이 쓸모없게 된다. 단편적으로 성공적인 생각들이 있을 수 있다. 그러나 대부분은 단편적 성공에 그친다. 전체를 일관하는 지속성이 없다. 이것은 그림에 나오는 칼이 제각각 다른 것에서 알 수 있다. 이 경우에 다양성이 정신을 약화시킨다. 창살 문 형태의 문장 위에 있는 상형 문자는 쌍자궁의 분산된 마음이 미칠 부정적 영향을 잘 보여준다. 양쪽 끝에 있는 쌍둥이 슈(Shu)와 테프닛(Tefnut)은 누구에게나 있는 상반된 정신 또는 양극을 나타낸다. 이 둘은 헬리오폴리스26)에 있는 토착신 가운데 두 명으로, 라(Ra)의 자녀들이다. 그러나 그들이 나타냈던 원칙들은 나중에 호루스(Horus)와 바스트(Bast)[27]의 개성을 통해 표현되었다. 이 카드에서 우리는 호루스의 눈과 고양이 신(神) 바스트를 볼 수 있다. 슈와 테프넛처럼, 그들은 서로 떨어져 있고, 그 가운데는 쌍자궁에 있는 목성을 나타내는 점성술적 상형문자가 있다.

지속성 부족과 불운은 대개 어려움을 가져다준다. 그러나 목성의 영향 덕분에 적어도 자잘한 승리는 일부 거둘 수 있을 것이다.

● 상황 인식

하찮은 것에 신경 쓰지 말라. 전체적인 그림을 보아야 한다. 의심과 혼돈의 시기에는 경솔하게 행동하지 말고 마음 깊은 곳에서 깨달음이 나올 때까지 끈기 있게 기다려야 한다. 지나치게 분석하려 들지 말라. 당신을 구해 줄 다른 사람을 기다릴 수도 없다. 당신의 시야가 좁기 때문에 스스로를 가두고 있는 것이다. 이제 당신은 자유로워져야 한다.

---

26) 이집트 북부 나일강 삼각주 지대에 있었던 옛 도시.
27) 고대 이집트의 고양이 신. 여성 신이다.

스워드 9 (Nine of Swords)

(**이 카드의 핵심은 박해)

칼이 사다리 형태로 배열되어 있다. 고대 문화에서 무당이나 병을 낫게 하는 치료사들은 자신의 주술적 업무를 시작하기 전에 의례를 치르고 고통을 경험해야 했다. 그런 고통 가운데 하나가 칼날을 위로 세운 사다리(또는 작두) 위에 올라서는 것이다. 고통을 받아들이는 이런 의례는, 육체적이든 정신적이든, 그가 고치려는 공동체 사람들이 앓고 있는 병을 그가 빨아들인다는 사회적 인식을 구현한 것이다. 칼날 위에 오르는 이 고통스런 의례는 순교의 성격을 갖는다. 그러나 이것은 또 죄와 고통을 짊어지겠다는 자발적 의지의 요소를 갖기도 한다.

이 카드에서는 수성이 쌍자궁(쌍둥이 자리)와 결합한다. 이것은 불행한 결합이다. 수성은 우리의 태양계에서 위성을 두 개 갖고 있는 유일한 행성이다. 여기서 이것이 불의 사인(쌍자궁)과 결합해서 너무나 효과적으로 이중성을 상징한다. 초점도 없이 부정적인 생각에 잠겨서 살아갈 위험이 높다. 물질적 고통보다 정신적 고민에 강조점이 두어져 있다.

이것은 정말로 고통의 상징이다. 무당의 고통은 그의 정신을 강화시키고, 집중하게 만든다. 실패에 대한 두려움, 고립에 대한 두려움과 맞서야 한다. 자기 연민에 빠져서는 안 된다. 죄의식에 빠져서는 더욱 안 된다. 과거에 일어난 일에 대한 죄의식은 목적을 추구할 때(또는 사다리를 오를 때) 자기 정신에 아주 위험한 영향을 미칠 수 있다. 이처럼 부정적인 생각과 자기 학대를 해서는 안 된다.

🍎 상황 인식

어둠 속에서는 악마가 무엇보다도 커 보인다. 당신은 틀림없이 괴물을 만날 것이다. 자신을 해방시키기 위해서는 괴물의 정체를 확인하고 싸워야 한다. 때때로 그런 괴물로부터 벗어나는 데 반드시 필요한 지식은 그런 괴물이 존재한다는 것을 우선 받아들이는 것이다. 무서운 꿈에서처럼 공포와 무시무시한 예측에 맞서지 않는다면, 당신은 악몽에 짓눌리게 될 것이다. 억제되지 않은 악몽은 심지어 당신을 더 병들게 할 수도 있다.

스워드 10 (Ten of Swords)

(** 이 카드의 핵심은 황량함)

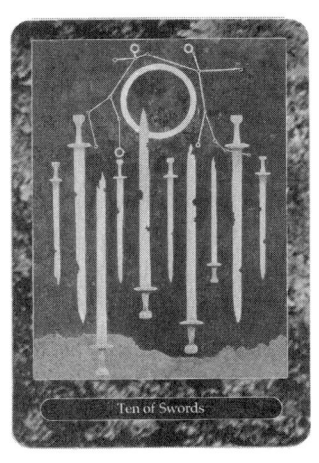

스워드 10(Ten of Swords)은 어떤 상황에서도 대단히 파괴적인 카드다. 점괘에 이 카드가 나오면, 가혹한 운명을 만났더라도 희망이 없지는 않다는 것을 명심해야 한다. 주변 환경이 악영향을 미쳐도, 최대한 신중하게 행동할 수 있고, 올바르게 선택할 수도 있다. 이렇게 말은 하지만, 이 카드는 우리 상황에 아주 부정적인 영향을 미친다.

쌍자궁(쌍둥이 자리)에 태양이 있다. 이것은 이중성의 사인으로, 마음이 분열되게 된다. 하늘의 별자리에는 쌍자궁이 있다. 그러나 별들 가운데에는 새까만 구멍이 있다. 핵심이 붕괴하고 있는 것으로, 태양 자체를 위협할 수 있는 상황이다.

전체적인 풍경이 황량하고, 생기도 성장도 없다. 칼들은 모두 양날을 갖고 있지만, 이가 빠지고 깨져서 더 이상 쓸모가 없다. 정신적 능력이 혼란 상태에 도달해 있다. 산만한 생각들을 인식하라.

10개의 칼에서 조금이라도 위안이 되는 구석을 찾아본다면, 그것은 바로 지금이 최악의 위기 상황이므로 좋아질 날이 멀지 않았다는 정도일 것이다. 마찬가지로 겨울의 극한점에 가 있는 차가운 태양과 오랜 어둠은, 이제 다시 새로운 활력을 찾고 봄을 향해 궤도를 도는 시작점에 도달했다는 것을 나타낸다.

그러나 여기서 가장 강렬한 이미지는 붕괴, 폐허, 마지막 파멸이다. 그것이 정신적이든, 사회적이든.

🍎 상황 인식

일이 제대로 돌아가지 않는 것이 두려울 때, 파멸과 절망이 몰려들 때, 당신은 그저 신의 뜻에 맡겨야 한다. 싸움에는 반드시 끝이 있고 그 끝에는 축하 받을 해방이 있으리라는 것을 받아들여야 한다. 이 깊은 상처는 외부의 전문적인 도움을 받아야만 치유될 수 있다. 혼자서 감당하려 하지 말라.

스워드 킹 (King of Swords)

(** 이 카드의 핵심은 판단)

King of Swords

    왕이 커다란 칼을 들고 말 위에 올라타 있다. 그림 아래에는 방패와 글귀가 있다. '과거와 미래의 왕.' 이 모토는 대부분의 유럽인들에게 아더왕의 전설을 떠올리게 한다. 그러나 다른 문화권에서는 왕이 권좌에 복귀한, 훨씬 모호한 신화들과 관계되기도 한다. 핵심 아이디어는, 어려운 시기에는 항상 되돌아와서 혼란을 바로잡고 질서를 회복시키는 군주에 관한 것이다. 이것이 바로 스워드 킹 (King of Swords)의 역할이다. 무질서와 갈등이 있는 곳에 질서와 조화를 가져다주는 것이다. 진정한 균형은 감정이 균형을 잡을 때에만 성취할 수 있다.

    사실 왕은 남성적인 불을 상징하고, 칼은 남성적인 공기를 상징한다. 그러나 아더왕의 마법의 칼은 돌로 만들어졌고, 여성적 요소인 '어머니 지구'(Mother Earth)를 나타낸다. 이 칼은 호수로 돌아갔고, 물은 또 다른 여성적 요소를 나타낸다. 이런 요소들이 균형을 이루어 아더왕이 강력한 인물이 될 수 있었다. 통상 불과 물의 결합은 한동안 격노했다가 일순간 사라지는 폭풍우처럼, 메마르고 빠르게 이동하는 힘과 같은 것이다. 그러나 아더왕의 칼에서 나타나는 여성적 요소는 스워드 킹이 사물에 대해 보다 지속적으로 깊은 영향을 미칠 수 있도록 해준다. 남성적, 여성적 요소가 이처럼 균형을 이루는 것은 방패에 그려져 있는 두 개의 삼각형이 합쳐져서 된 것이다.

궁정 카드 가운데 스워드 킹은 공기 사인인 쌍자궁(쌍둥이 자리)을 대표한다. 비록 이 사인이 우유부단하다는 소리를 듣지만, 양쪽 주장을 모두 정확하게 봄으로써 왕이 객관적으로 평가할 수 있도록 해 주는 능력을 갖고 있다. 왕의 칼은 말의 목 앞에 수평적으로 가로놓여 있다. 이것은 군주가 기사를 신하로 만드는 의식을 연상시킨다. 기사 임명식에서 양쪽 어깨에 칼을 대는 것은 사실 칼로 목을 베는 것, 기사를 참수하는 것을 의미한다. 머리는 진정한 자아가 머무는 곳이라고 여겨졌기 때문에, 이 의식은 기사도의 핵심인 공평무사함을 강조한 것이다. 객관적인 결정을 내리려면 공평무사가 필수적이다. 겸손함은 왕관이 없는 것에서도 발견할 수 있다. 그와 다른 기사간에 차이가 별로 없다. 그의 힘세고 날랜 말은 왕에게 기동성과 사고의 신속성이 요구된다는 것을 반영한 것이다.

그 이미지를 둘러싸고 있는 복잡한 형태가 쌍자궁의 상징 주위에 그려져 있다. 마치 왕이 자신의 영리함, 기술, 유연성, 객관성으로 세상의 구조를 짜듯이, 왕 주위에 틀과 구조가 짜여져 있다. 점괘에 이 카드가 나오면, 특히 사업적인 문제나 법적인 문제에 관해 결정을 내릴 때 전문가가 도움이 될 것이라는 점을 암시한다.

● 상황 인식

아이디어 왕국의 지배자가 되고 싶다면, 백일몽과 몽상에 빠져 자신의 생각을 현실에 옮기는 것을 등한히 해서는 안 된다. 새로운 생각이 넘쳐나고 지성이 깊이를 더한다고 하더라도 그것은 마찬가지이다. 당신과 같은 생각을 갖고 있고 당신에게 배워서 깨우치는 사람이 있다는 것을 알아야 한다. 점괘에 스워드 킹이 나온다는 것은 그런 성격의 사람이 당신 삶에 곧 나타날 것임을 의미한다.

스워드 퀸 (Queen of Swords)

(**이 카드의 핵심은 객관성)

물(Queen)과 공기(Sword)를 결합하고 있는 이 특별한 여왕은 대단히 포용적이다. 그녀는 아주 다른 두 요소를 하나로 통합할 수 있는 힘을 갖고 있다. 그러나 희생을 치러야 한다. 그녀는 자신의 번뜩이는 지성이 감정적 측면을 억누르도록 놔둔다. 이 카드에서 그녀는 천칭궁(저울 자리)의 저울 양쪽에 있는 두 개의 샘을 지배하고, 이것들이 균형을 유지하게 한다. 점성술적으로는 저울이 이 카드를 지배한다.

그녀는 본질적으로 외롭다. 자신의 경력을 쌓기 위해 결혼과 모성(母性)을 포기하는 여성의 전형이다. 그녀도 상실, 별거, 또는 과부가 되리라는 것을 안다. 그렇지만 자신의 완벽주의 때문에 혼자 있다.

그녀의 왕관은 새의 날개로 만들어졌다. 새는 그녀의 동맹군이다. 새는 그녀의 높은 이상을 나타내지만, 환상적인 비행을 하는 것은 아니다. 머리가 하얀 커다란 까마귀가 그녀 위에 있다. 이 까마귀에 흑(黑)이 백(白)에 항복한다는 연금술적 은유가 담겨 있다.

116

여기서 흑은 두려움과 무지의 캄캄함이다. 그녀는 생각을 통해 사물을 본다. 그렇게 함으로써 마음을 자유롭게 한다. 따라서 그녀는 상상치 못한 일을 맞을 것이다. 그러나 어떤 것도 그녀에게 공포감을 심어 줄 수는 없다.

그녀는 잔인하게 또는 이기적으로 보일 수 있다. 만약 균형을 유지하기 위해 잔인해질 필요가 있으면 그녀는 그렇게 할 것이다. 그녀는 감정적이지 않다. 감정이 없는 여성은, '무시무시한 어머니' 칼리(Kali)에서 보듯이, 남성에게는 공포의 대상이다. 스페이드 퀸(Queen of Spades)은 현대 카드에서는 스워드 퀸(Queen of Swords)과 같은데, 아직도 기분 나쁜, 불길한 카드로 간주된다.

따라서 연금술적으로 공기는 물을 제압한다. 심지어 여왕의 무기도 초승달 형태를 띠고 있다. 이 칼을 분석적인 지성의 칼로 만들기 위해서는 망치로 펴고 구부려야 한다.

🍎 상황 인식

힘을 길러 성공하고 싶다면 통찰력 있게 행동하고 사고하라. 지금 생각할 만한 정보가 별로 없다면 그것은 짐이 될 것이다. 당면한 문제에 완전히 몰입하려면 반드시 혼자여야 한다. 지나치지만 않다면, 엄격하게 생활하는 것이 움츠리거나 망나니처럼 행동하는 것보다 유리하다. 점괘에 스워드 퀸이 나온다는 것은 그런 성격의 사람이 당신 삶에 곧 나타날 것을 의미한다.

스워드 네이비 (Knave of Swords)

(** 이 카드의 핵심은 목적의 불안정성)

    칼과 급사는 둘 다 공기를 나타낸다. 따라서 스워드 네이브 (Knave of Swords)는 좋은 싫든 이중적으로 공기의 속성을 나타낸다. 이런 상황에서는 얻는 이익보다 어려움이 훨씬 더 크기 쉽다. 비록 그가 영리하고 지적으로 예민하다고 할지라도, 이 위대한 지성(知性)은 토대가 없다. 따라서 계획이나 생각, 생각에 관한 생각이 순식간에 사라져 버린다. 복잡한 삶이 도식화된다.

    이 급사는 보병궁(물병 자리)의 특징을 나타낸다. 그는 운명의 바람(공기의 대리인)에 의해 쉽게 날아가 버린다. 본성은 순진하다. 그러나 그는 우연에 의한 경우가 아니면, 일부러 한 방향으로 가지는 않는다. 그는 눈을 감고 있다. 그는 마음으로 볼 수 있을 때에만 볼 수 있다. 그는 자기의 주위에서 소용돌이치는, 그래서 안개처럼 희뿌연 현실 속에서 자신의 계획을 명백히 규정하기가 힘들다는 것을 안다.

    여기에 보이는 측정 도구들은 그의 분석적이고 합리적인 본성과 잘 부합한다. 그러나 방향성이나 중심이 없으면 구조물을 만들려는 그의 시도는 실패할 수밖에 없다. 그의 방패에는 보병궁의 사인이 있다. 번개 치는 모습은, 순식간에 사라지는 영감의 번뜩임을 나타낸다.

쾌활하고 변덕스럽고 상상력이 풍부한 스워드 네이브. 그는 자신의 이 같은 속성을 생산적으로 활용하기 위해 고군분투한다.

🍎 상황 인식

지금은 대답을 얻을 시기이다. 이 카드에는 많은 움직임이 나타나있는데, 이것은 새로운 생각을 가진 사람들이, 무시하지 않고 자유롭게 검토하는 것을 뜻한다. 여러 가지 대화가 오가겠지만, 다투지 않고 자기 생각을 설득력 있게 표현해야 한다. 비꼬거나 말을 자르지 않도록 조심해야 한다. 그렇게 하면 앞으로 싸움의 불씨가 될 수 있다. 전에는 한 번도 해보지 않던 생각들이 지금 떠오를 수 있다. 이 카드가 나타나면 것은 그런 성격의 사람이 당신 인생에 곧 나타날 것이다.

디스크 에이스 (Ace of Disks)

(** 이 카드의 핵심은 물질주의)

디스크 에이스(Ace of Disks)는 물질세계의 근원, 흙의 요소의 핵심적 속성을 나타낸다. 이 카드는 다른 요소들을 통해 물질적인 단계에 구현되었다(조잡해졌다고 말하는 사람도 있을 것이다). 가운데 있는 새는 아래로 향하는 힘을 나타낸다. 이 새는 딱딱하게 굳어 가고 있다. 사람들은 번개를 보면 그것이 번쩍 하는 섬광에서 생겨났다고 생각한다. 마찬가지로 모든 물질적인 것은 원래 생각에서 나온 것이다.

전체가 의료용 디스크 모양을 띠고 있다. 방패처럼 생긴 것이, 이 카드에 담겨있는 보호막, 방어의 측면을 나타낸다. 사실 집을 짓는 것은 의료용 디스크의 네 지점에 있는 네 개의 티피(teepee ; 아메리카 인디언의 천막집)로 표현되어 있고, 이들 각각은 창조적인 요소를 상징한다. 디스크가 둥글기 때문에 그림이 돌아갈 수 있다. 따라서 새는 아래로 떨어지지 않고 보다 높은 곳으로 날아오를 수 있다. 달리 말해서, 디스크 에이스는 물질세계(예컨대 돈, 부유함, 땅, 재산)의 잠재적인 힘이다. 이 힘을 행사하는 사람이 어떤 비전을 갖고 있느냐에 따라 선하게도 쓰일 수 있고 악하게도 쓰일 수 있다. 의료용 디스크에는 9개의 깃털이 달려 있다. 디스크 조에 있는 나머지 카드 9장의 씨앗이 디스크 에이스에 담겨 있는 것이다. 이 깃털은 전통적으로 풍요를 나타내는 맨 위의 상징들에 그대로 반영되어 있다.

🍎 상황 인식

이 행운의 카드는 양적인 차원에서 커다란 지식을 주며, 생각한 것을 실현시켜 준다. 이 카드는 타로 카드 중에서 물질적 풍요를 가장 잘 나타내는 것 가운데 하나이다. 당신은 지금 아주 안정되어 있고, 현실적인 힘이 넘친다. 당신은 원하는 것을 가질 수 있고, 또 그것을 가능케 하는 충분한 자원을 갖게 될 것이다.

당신의 사업은 든든한 기반 위에서 확장될 것이다. 물질적 부를 얻고 현실적인 일들을 새로 시작하게 될 것이다. 적절하게 투자한다면 많은 이익과 부를 얻을 것이다.

디스크 2 (Two of Disks)

(** 이 카드의 핵심은 변화)

　전통적인 놀이용 카드와 마찬가지로, 디스크 2(Two of Disks)는 거꾸로 뒤집혀도 거의 똑같은 이미지를 줄 수 있도록 고안되었다. 검정 색이 흰색이 되고, 빛이 어둠이 되고, 겨울이 여름이 된다. 세상이 끊임없이 거꾸로 바뀐다. 이런 변화 가운데 균형이 있다.

　이것이 운동의 시작이다. 디스크 2는 종종 뱀 같은 형태, 8이란 숫자와 비슷한 모습을 하고 있다. 비슷하게 생겼지만 보다 개방적인 형태로 그려져 있어서 뱀이 움직이는 것 같다. 이것은 수축, 확장을 번갈아 하는 삶의 파동을 강조한다. 사실 뱀도 이런 방식으로 움직인다.

　디스크는 각각 3각 별과 5각 별이 결합된 모습을 하고 있다. 이 것들은 어떻게 보느냐에 따라 적극적, 소극적일 수도 있고, 긍정적, 부정적일 수도 있다. 양극이 분명하다. 남성(乾)을 나타내는 궤(☰ 검정색)와 여성(坤)을 나타내는 궤(☷흰색)가 검정과 흰색으로 이런 생각을 굳혀 준다. 기(氣)가 전환되는 곳에서 진보하는 것이 제한받을 수 있다. 지금은 아직 다양하게 경험할 때이다. 보다 장기적인 결정을 내리기 전에 학습하는 시기이다.

오른쪽 위에는 목성이 있고, 왼쪽 아래에는 마갈궁(황도 십이궁 중의 제10궁, 염소 자리) 사인이 있다. 이 둘은 전반적으로 행운을 가져다줄 것이다. 그러나 한계가 있다. 이 상황이 저 상황으로 완전히 바뀔 수도 있고, 반대로 될 수도 있기 때문이다. 그러나 기(氣)가 외부로 분출하면 내부적으로 안정될 것이다.

이 카드는 새로운 프로젝트를 위해 자금을 조달할 수는 있지만, 떼돈을 벌지는 못할 것임을 나타낸다. 유동적이고, 모험적인 시기이지, 보수적인 시기는 아니다. 사업과 관련된 여행을 할 수다. 요동이 심한 생활 속에서 사소한 문제가 생겨날 수 있다. 그러나 이것은 극복할 수 있는 일들이다.

● 상황 인식

사람은 일생을 통해 변화하면서 성장한다. 아이가 젊은이로 성장하고, 젊은이가 노인으로 늙어 가더라도 수 없이 변화하는 계절이 바뀌는 동안 지혜를 얻지 못했다면 의미가 없다. 당신은 지난날의 변화가 마음에 들든 그렇지 않든 견뎌왔다. 그리고 지금도 똑같은 요구를 받고 있다. 당신은 융통성을 발휘해야 하며, 변화를 기회로 보아야 한다. 당신은 인생이라는 파도를 타고 있기 때문이다.

디스크 3 (Three of Disks)

(** 이 카드의 핵심은 건축)

3개의 디스크 디자인에는 하나의 채색 유리창이 있고, 이 카드에는 피라미드가 하나 있다. 3이라는 숫자는 계획을 실행에 옮기거나 생각을 실천하는 것을 나타낸다. 디스크 조는 짓고 있는 건물을 나타낸다. 채색 유리는 빛을 통과시키면서도, 안을 들여다보는 사람들에게 독특한 메시지를 일깨워 준다. 신비철학에 나오는 생명의 나무에서 세 번째 가지인 비나흐(Binah)는 깨닫게 해주는 지성이다. 따라서 전체적인 그림은, 대성당이나 피라미드 같은 거대한 건축물 안에 있는 세밀하고 절묘한 작은 것들, 예컨대 작은 건물이나 예술품 기교 등을 통해 자기 깨달음이나 각성을 얻는 것을 나타낸다. 기초는 닦여 있다. 이제는 공예가가 원래 자기의 생각대로 채색하거나 꾸며주기만 하면 된다. 수피족 공예가가 표시한 것이 피라미드 내부에 있다. 반면 마갈궁(염소 자리)에 있는 화성의 상징은 디스크 2(Two of Disks) 자체를 꾸며준다. 이 카드에는 화성의 역동적인 측면이 야심차게 잘 균형잡힌 상태로 그려져 있다.

🍎 상황 인식

가는 길에 장애가 있다 해도 멀리 있는 목표만을 바라보라. 함께 일을 하면 양이 반으로 준다. 짐을 함께 지면 가벼워진다. 친구나 동료가 도움을 줄 것이다. 동료와 함께 꾸준히 노력하면 만족스런 대가를 얻을 것이다. 일을 혼자 하려고 하지 말라. 당신처럼 기꺼이 일하려는 사람을 동료로 택하라. 지금은 소매를 걷어붙이고 열심히 일해서 수고한 대가를 얻을 때이다.

디스크 4 (Four of Disks)

(** 이 카드의 핵심은 소유)

  4는 흙의 숫자다. 디스크 조도 마찬가지다. 따라서 디스크 4 (Four of Disks)는 이중적으로 흙의 속성을 지닌다. 이동이 별로 없고 변화를 거부한다. 마갈궁(염소 자리)에 있는 태양은 물질적 야망을 이루도록 해준다. 그러나 한계도 있다. 물질 세계를 지나치게 경직적이고 조직적으로 만드는 경향이 있다.

  디스크 4의 구조는 중국 동전 모양을 띠고 있다. 중앙에 사각형 구멍이 뚫어져 있는데, 이것은 '내면적 경직성'을 추측케 한다. 반면 외곽은 둥글다. 이것은 대외적 문제를 순탄하게 처리함을 암시한다. 이런 결합은 기민한 사업가나 금융가에게서 흔히 발견된다. 그러나 여기서는 더 이상 구원의 속성을 발견할 수 없다. 전통적으로 이 동전은 끈이나 체인에 끼워 목에 걸고 다녔다. 그리고 자기가 갖고 있는 물질적 부를 외부 세계의 거친 현실로부터 보호하기 위해 부적이나 방어적 부호로 사용했다. 그러나 이 체인은 속박이나 족쇄가 될 수도 있다. 사람은 물질적 탐욕과 집착의 세계에 묶이게 된다.

우리의 세속적인 지배 영역을 지키기 위해 우리는 망루를 세우고 성곽을 쌓는다. 안보는 자유를 해치는 적일 수 있다. '정부' '법과 질서' 같은 개념들은 과장되거나 왜곡될 수 있다. 여기서 집착과 물질적 욕망이 시작된다.

🍎 상황 인식

여기서 배울 수 있는 교훈은, 진정한 힘이란 재산을 늘려서 얻을 수 있는 것이 아니라는 점이다. 물질적 재산만 갖고는 변화하는 세계에서 안정을 찾으려는 당신의 욕구를 만족시킬 수 없다. 진정한 안정은 내부에서 오는 것이다.

당신은 당신이 가진 귀중한 특성을 존중해야 한다. 이것들은 누구도 빼앗을 수 없는 귀한 것이고, 당신의 생각과 행동이 만들어낸 것이다. 이기심과 과보호로부터 이것을 지켜야 한다. 당신이 가진 물질적 소유물은 귀중하기는 하지만, 당신에게 늘 행복을 가져다 줄 수는 없다.

디스크 5 (Five of Disks)

(**이 카드의 핵심은 고난)

디스크 5(Five of Disks)는 파괴적으로 보인다. 그러나 사실 목적은 건설적이다. 더 이상 필요없거나 쓸모없는 것을 파괴한다. 따라서 디스크 5는 지나친 긴장과 물질적 손실을 초래한다. 물질적으로 중요한 상황 변화인 셈이다.

맨 위에 있는 디스크에는 금우궁(황소 자리)에 있는 수성 사인이 들어 있다. 이 두 에너지는 상극적이어서 조화를 이루기 힘들다. 수성의 이동이 세속적인 금우궁과 결합한 것은 물질 세계가 급격히 변화하는 것을 나타낸다. 이 변화는 적어도 순간적으로는 하향적인 운동이다. 이런 상황은 한 단계 도약하기 위해 한 발짝 뒤로 물러서는 것과 같다.

거꾸로 된 5각형은 물질 생활의 불안정을 나타낸다. 그리고 물질적, 금전적 걱정이 정신을 지배하는 것을 나타낸다.

중간에 있는 2개의 디스크에는 '눈 달린 손'이 있다. 이것은 티벳의 타라스(Taras)와 다드히사트바스(Dadhisattvas)의 손바닥에 있는 자비의 눈이다. 고통받는 의지는 꺾이고 말 것이다. 이 상징은 십자가에 못 박힌 예수 그리스도의 상처를 나타낸다. 부활하기 전에 그가 겪은 고통과 겸손을 나타낸다. 십자가의 그림자를 분명히 볼 수 있다. 맨 아래 디스크에는 아래로 향하는 삼각형이 들어 있다. 반면 독수리는 이런 상황에서도 상승하려는 힘을 갖고 있다. 그러나 실제로 상승하려면 마음의 힘이 필요하다. 일부 비슷한 내용이 '매달린 사람'(the Hanged Man)에서 발견된다. 이 카드 역시 하강, 고통, 희생을 나타낸다. 그러나, 디스크 5의 수준이 훨씬 더 세속적이다. 당면한 문제가 철저하게 물질적이고 금전적이다. 이것과 투쟁해야 자신을 묶고 있는 사슬을 끊어 낼 수 있다.

🍎 상황 인식

이 카드를 지배하는 것은 고통이다. 그러나 이 카드에 보이는 독수리는 강한 에너지를 갖고 있다. 당신은 앞날을 걱정하느라고 기운을 빼서는 안 된다. 매일매일 상황을 조절해야 한다. 어려운 시절이 닥치고 가난하다 해도 이렇게 해야 당신은 좀더 나은 상황을 향해 갈 수 있다. 지금은 시험에 빠진 시기이다. 이해하는 법을 배울 수 있고, 그로 인해 걱정을 던다면, 틀림없이 당신은 앞으로 보상받을 것이다.

디스크 6 (Six of Disks)

(** 이 카드의 핵심은 복구)

6은 일반적으로 성공의 시기에 접어든 것을 나타낸다. 디스크 조에서 이것은 어떤 노력을 기울인 뒤 물질적으로 일부 결실을 거두는 것을 나타낸다. 이 카드는 금우궁(황소 자리)에 달이 결합해서 세속적인 성공을 가져다주는 괘이다. 흙의 속성을 가진 금우궁은 부지런히 일함으로써 달의 유동성을 지상에 가져다준다.

이 카드에 나오는 디스크들은 물질적인 영역에서 사상을 정립하는 것을 잘 반영하는 전설과 관련있다. 여기서 '사상'은 기독교를 가리킨다. 이 전설은 AD 312년 콘스탄티누스 대제와 관련된다. 독재자 막센티우스와 전쟁을 벌이기 전날 그는 자신의 텐트에서 잠을 자고 있었다. 꿈에서 그는 다음과 같이 적힌 대형 십자가가 하늘에 걸린 것을 보았다. '이 사인 때문에 네가 정복하게 되리라.' 그는 엄청난 크기로 깃발을 만들어 내걸었고, 그 덕에 결정적인 승리를 거두었다. 따라서 십자가 형태로 짜 맞춘 도안이 예수의 구원과 승리와 같은 것으로 받아들여졌다. 그후 기독교는 전에는 충분히 뿌리내리지 못했던 곳에 새로 뿌리를 내리거나 다시 교세를 확장하기 시작했다.

이때 십자가 형태로 짜맞춘 도형은 두 개의 그리스 글자 X(Chi)와 P(Rho)의 형태를 띠었다. XP는 XPIΣTOΣ의 앞 두 글자이다. 이 상징을 본뜬 많은 변종이 생겨났다. 6개의 디스크는 6개의 각기 다른 변종을 보여준다. 전체적인 이미지는 군기와 같은 것이고, 피빛 바탕에 흑백의 선들이 그어졌다. 투쟁 속에서 질서가 수립되었다.

이 카드의 점괘는, 고난과 어려움의 시기가 끝난 후 물질적으로 부유해진다는 것, 또는 지금까지 약간 부족했던 신의와 관대함이 다시 살아나는 시기라는 것이다.

☙ 상황 인식

당신의 욕구를 표현하라. 그래야 다른 사람의 도움을 받아 욕구를 충족할 수 있다. 당신 내부 깊숙한 곳을 들여다보면, 성공하기 위해 갖추어야 할 자원들을 찾을 수 있을 것이다. 관대해야 당신이 바라는 것을 이룰 수 있다. 다른 사람의 관대함 역시 마찬가지이다. 이것은 자신이 노력해서 거둔 아주 기쁜 보상이 될 것이다. 남에게 선물을 되돌려 받을 것을 기대하지 말라.

디스크 7 (Seven of Disks)

(** 이 카드의 핵심은 결의 부족)

디스크에는 7개의 고전적인 신성한 행성 사인이 있다. 태양계처럼 태양이 가운데 있다. 그러나 여기 보이는 기하학적 구조와 운동은 핵 주위를 조화롭게 도는 천체의 균형 잡힌 그림이 아니다. 반대로 빨간색에서부터 보라색까지 스펙트럼 순서에 따라 균형도 안 잡힌 불규칙한 패턴을 보여준다. 미세한 것에서 조잡한 것에 이르기까지 존재의 모든 수준에 작용하는 7배법을 따르고 있다. 이것이 바로 7이라는 숫자가 (가장 논리적이거나 합리적이지 못하면서도) 우리의 많은 시스템에 존재하는 이유이다. 예컨대 스펙트럼도 7가지이고, 저울의 눈금, 1주일의 날짜 등이 모두 7이다. 7배법은 삶의 모든 운동이 한 단계에서 다음 단계로 불규칙하게 진전하는 일련의 과정이라는 것을 보여준다. 동기가 변하면 진전은 특히 중요해진다. 예컨대 한 옥타브 안에서 온음 대신에 반음만 내는 두 곳이 그렇다. 이곳은 옥타브에서 약한 부분으로 알려져 있다. 이것은 비유적 의미와 사실적 의미를 동시에 갖고 있다. 크든 작든 간에 우리는 어떤 목적을 선택하고 열망하기 때문에, 동기가 약해지는 중요한 시기가 있다. 이 때 우리가 취할 수 있는 전체적인 방향이 다소간 틀어질 수 있다. 이것이 디스크 7(Seven of Disks)의 핵심이다. 끝까지 과업을 계속하거나 일하겠다는 의지가 약해지는 것이다.

디스크는 검정 색으로 둘러싸여 있다. 어둠 속에 있는 존재는 시작한 일을 어떻게 끝낼 것인지에 대해 비전이 없다. 디스크를 관통하는 전반적인 구조는 균형도 잡혀 있지 않고 불안하기 그지없다. 보잘 것 없는 생각만 잡다하다. 지배적인 색깔도 없고, 목적도 초점도 방향도 없다. 바닥에는 금우궁(황소 자리)에 있는 토성 사인이 있다. 금우궁은 열심히 일할 수도 게을러질 수도 있다. 그러나 토성의 무게가 나태함을 초래한다. 진전 속도가 늦다. 지속적으로 집중하는 곳이 없고 목적 의식이 없기 때문에 실패한다. 목적을 달성할 수 없다. 쏟아 부은 노력이 부족하니 결실이 만족스러울 수 없다.

☙ 상황 인식

앞으로 닥칠 결과를 걱정하거나 실패를 두려워해서는 좋은 결과를 이룰 수 없다. 비록 실패하더라도 성취하려는 강한 열망을 유지해야 한다. 뿌리는 땅 속 깊숙이 묻어야 하고, 받은 때가 되어야 다시 꽃을 피운다. 계획이 얼마나 진척되었는지 끊임없이 재볼 필요도 없고, 그렇게 하는 것이 득이 되지도 않는다는 것을 명심하라.

디스크 8 (Eight of Disks)

(** 이 카드의 핵심은 소우주)

　일반적으로 8개의 원반은 에너지의 집중 또는 몰두를 나타낸다. 여기에 나오는 디스크들은 세속적 영역을 나타내는데, 디스크 주위에 활짝 핀 다양한 형태의 나뭇잎에서 볼 수 있듯이, 자연이 정밀하고도 다양하게 자신을 표현하는 것에 주목하게 된다. 인간 역시 엄청나게 많은 문화적 표현법을 개발해냈다. 인간은 문화와 인종적 다양성에 맞추어 수많은 종교를 발전시켰다. 무수한 전쟁이 종교의 이름을 걸고 치러졌다. 이 전쟁은 하나의 특정한 정신적 질서를 추종하는 사람들이 다른 종파 사람들과 충돌할 때 벌어졌다. 각 그룹 사람들은 자신의 특정한 문화적 편견에 너무나 깊이 매몰되어 있었기 때문에, 모든 정신 세계의 중심에 놓여 있는 근본적 진실을 놓쳤다.

　카드 가운데에는 장미가 자리잡고 있다. 이것은 수세기 동안 여성의 생식기관, 생명을 잉태하는 자궁의 피, 여성 자신에 대한 지식을 상징적으로 나타냈다. 염주에도 각기 이름이 붙여졌다. 통속적인 종교적 도그마의 복판에는 여족장적인 지혜가 존재한다는 것을 알 수 있다.

장미를 둘러싼 디스크 염주는 다양한 종교적 경로를 상징한다. 물(水)은 영양의 원천이자 도교의 상징이다. 이슬람교의 초승달과 별, 기독교의 십자가, 유교의 희(囍)자, 조로아스터교의 불, 힌두교의 진리(AUM)[28], 유대교의 6각별, 불교의 윤회가 있다.

염주 아래에 있는 장미는 처녀궁(처녀 자리)에 있는 태양 사인이다. 여기에는 흙과 영양 성분이 들어 있다. 태양은 처녀궁의 질서 감각으로 하여금 소중한 삶의 편린들에 충분히 관심을 기울이도록 만든다. 그것이 마치 나뭇잎 하나 하나에 하나의 세상이 들어 있기 때문에, 자연이 나뭇잎 하나도 빠뜨리지 않고 돌보아 주는 것과 마찬가지다. 그러나 상황은 균형을 요구한다. 작은 것의 완벽함에 너무 몰두한 나머지 삶 자체의 더 큰 완벽함을 놓치거나 당연하게 여길 위험이 있다. 사람들은 수천 개의 사소한 것들에 마음을 빼앗기느라 존재의 근본적인 문제에 대해서는 정작 대면하지 못하는 우를 범할 수도 있다.

🍎 상황 인식

세심하고 충실하게 일에 몰두하는 방법을 배울 준비가 되어 있다면, 커다란 성과를 거둘 것이다. 능숙하고 노련해져라. 그러면 당신은 남에게 득이 되거나 자신의 빠른 성취를 위해서가 아니라 일 자체를 위해 일하는 장인이 될 것이다. 임무에 착수할 때는 일한 결과를 기대하지 말고 당신이 할 수 있는 것만을 생각하라. 그래야 일을 잘 해냈을 때 만족을 얻을 수 있게 될 것이다.

---

28) 우주가 창조되었을 때 처음 나온 소리.

디스크 9 (Nine of Disks)

(** 이 카드의 핵심은 유전)

    9개의 디스크가 모두 9각별 모양을 하고 있다. 맨 위에 있는 것은 완벽하다. 3개의 삼각형이 완벽하게 균형 잡혀 있다. 나머지 9각별들은 조금씩 결함을 갖고 있다. 이것이 뜻하는 것은 다음과 같다 ; 삼각형은 순수한 정수 또는 영혼을 나타낸다. 육각형은 인간성을 나타낸다. 내면적 특징(△)과 외면적 특징(▽), 남성적 요소와 여성적 요소를 완벽하게 결합하는 것은 인간의 몫이다. 밑에 있는 9각별들은 완성되어 있지 못하다. 그것은 인간이 해야 할 일이다. 맨 위에 있는 디스크는 완벽하고, 인간과 신이 하나가 되었음을 나타낸다. 둘의 결합은 금빛 6각별에서 볼 수 있다. 9개의 디스크는 신비한 생명의 나무처럼 배열되어 있다. 그런데 나무의 가장 아래에 있어야 할 맬쿠드(Malkuth) 또는 흙이 빠져 있다. 이것은 더 높은 곳에 오르려는 움직임, 완전함에 이를 때까지 성장하려는 것, 잠재력의 완전한 실현을 강조하기 위해서이다.

    이 카드는 처녀궁(처녀 자리)에 있는 금성이 지배한다. 이 결합은 물질적인 문제들을 잘 조직하고 기술·기교를 통해 개인이 성장한다는 느낌을 들게 한다. 세속적인 일들이 자아의 내면적 발전의 토대가 된다. 이 카드의 전체적인 기조는 발전이다. 영혼이 올바르고 조화로운 수준으로 자연스럽게 진화해 나가는 것을 나타낸다. 티벳인들은 이승과 저승 사이에 있는 중음(中陰) 단계에 관해 얘기한다. 이곳은 죽은 자의 영혼이 평가받고, 다음 세상에 다시 태어나기 전에 준비를 하는 곳이다. '임 마니 파드메 훔'(Im Mani Padme Hum)라는 주문(呪文)은 중음 단계에서 영혼을 해방시키는 도구이다. 달리 말해 진화를 돕는 것이다. 티벳의 주문이 디스크 밑에서 자신을 둘러싸고 있는 빨간색 혼돈에서부터 솟아오르는 것을 볼 수 있다. 사람들은 중음을 포함한 삶의 모든 정보가 담겨 있는 염색체의 이중 나선 형태를 이해할 수 있다. 우리가 얼마나 정신적으로 성장할 수 있는지가 DNA 분자 구조의 미묘한 기층에 이미 정해져 있다. 자기 계발, 자의식의 만개(滿開)가 유전자 프로그램에 이미 예정되어 있는 것이다. 따라서 사람은 의식적으로 그 쪽을 향해 나아가야만 한다.

● 상황 인식

지금 이 순간, 당신은 혼자서 살기 위한 길을 가고 있으며, 이런 감정들을 아주 즐기고 있다. 독립심과 자유가 강하게 느껴진다. 기대하지 않던 곳에서 소득을 더 얻지만, 감정이 쌓이고 늘어난 결과 건강을 잃을 수도 있다는 것을 유의하라.

디스크 10 (Ten of Disks)

(** 이 카드의 핵심은 초월)

Ten of Disks

10은 한 사이클의 완성과 다음 사이클의 시작을 나타낸다. 디스크 카드에서 물질적 세상이란 사실상 '세속적인 것'이다. 최상의 부유함이 표현되어 있고 경험도 했지만, 지금은 더 고상하고 심오한 어떤 것, 즉 진정한 지식을 갈망한다.

여기서 지식은 밀교의 명상적인 형태, 즉 이차원적인 선각화(線刻畵)29)로 표시되어 있다. 이 특별한 10개의 선각화는 10개의 위대한 지식이라고 불린다. 이것들은 상황에 따라 다르게 나타나는 성모(聖母)의 10가지 측면에 관한 명상 과정에 초점을 맞출 때 쓰인다. 이것들은 구체적으로 바글라 무키(Bagla Mukhi)30), 쇼다시(Shodashi)31), 타라(Tara)32), 치나마스타(Chinnamasta)33), 두마바티

---

29) 얀트라: 곧 그림으로 그려질 수 있는 이차원적, 기하학적인 형상.

30) 탄트라 문헌에 나오는 10명의 여신 중에 여덟 번째 여신. 학의 머리를 가진 여신. 질투·증오·추한 것과 같은 살아있는 피조물들의 어둡고 못생긴 면을 나타냄.

31) 탄트라 문헌에 나오는 세 번째 여신. 어원적으로 '16세 된 사람'. 그녀는 충만성·완전성을 표상하는 인격신이다.

32) 탄트라 문헌에 나오는 두 번째 여신. 모든 우주가 진화되어 나오는 황금의 자궁.

(Dhumavati)34), 부바네시바리(Bhuvaneshvari)35), 마탕기(Matang i)36), 바이라비(Bhairavi)37), 칼리(Kali)38), 카믈라(Kamla)39)이다. 이런 선각화에 집중하게 되면 물질적 가치를 멀리하고 고상한 영역으로 초월할 수 있다.

초월의 전령인 새들은, 두마바티의 검은 까마귀들이다. 두마바티는 세속적인 부의 환상에 사로잡힌 사람들에 반발하지만, 정신적인 탐구를 시작한 사람들에게는 미묘한 깨달음을 가져다주는 마녀 같은 여왕이다. 가운데 있는 커다란 새는 디스크 에이스(Ace of Disks)의 가운데에서 처음 나왔던 바로 그 새다. 에이스는 나머지 카드 9개의 씨앗을 갖고 있었고, 여기 10번째 카드에서 전 과정이 완성되는 것이다.

처녀궁(처녀 자리)에 있는 수성이 또한 그 과정을 도와준다. 처녀궁은 엄청난 속도와 운동으로 세속적인 영역을 조직하고, 수성은 이것을 간직하게 해준다. 물질적인 생활은 더 이상 목적으로 삼지 않아도 될 정도로 잘 갖추어져 있다. 부의 축적과 번영은 이제 더 이상 관심사가 아니다.

어원적으로는 산스크리트어 tarayati(가로질러 가다)에서 나온 말. 우리를 피안으로 <건너가게> 해주는 여성 구원자이다. 두려움과 공포를 제거해주고, 우리의 모든 소망을 이루어준다.

33) 자신의 목을 베어버린 인도의 여신으로 탄트라 문헌에 나오는 여섯 번째 여신.
34) 탄트라 문헌에 나오는 일곱 번째 여신. 연기(Dhuma)가 난 후에 재만이 남게 되는 불로, 이 세계를 파멸시켜버리는 불에 의한 파괴를 인격화한 것.
35) 탄트라 문헌에 나오는 네 번째 여신. 물질 세계를 지배하는 힘을 표현한다.
36) 탄트라 문헌에 나오는 아홉 번째 여신. 지배·권세·힘의 화신.
37) 탄트라 문헌에 나오는 다섯 번째 여신. 죽음과 파멸로 끝날 수밖에 없는 욕망과 격정을 의미.
38) 탄트라 문헌에 나오는 첫 번째 여신. 모든 것을 파괴하는 시간의 여신.
39) 탄트라 문헌의 열 번째 여신. 기도하는 모든 사람들의 공포를 없애주며, 그들에게 신비로운 힘을 지닌 무한한 은총을 수여하는, 자기의 순수 의식을 나타내는 여신. 행복과 부의 여신인 락스미와 같은 여신이다.

🍎 상황 인식

어떤 계획이든 성공하려면 첫째 기초를 튼튼히 해야 한다. 타로 카드 가운데 길조 카드에 속하는 이 카드는, 당신이 지름길을 택하지 않고 이 카드대로 행한다면, 성공할 것이라는 것을 말해준다. 당신을 도우려는 강력한 원이 당신을 둘러싸고 있다.

당신은 원하는 모든 것을 완전히 획득하는 세계로 들어가고 있다. 물질적인 것이든 정신적인 행복이든 다 얻을 수 있다. 은퇴하여 쉴 수도 있고, 인생에서 좋은 것을 모두 누릴 수 있다. 미래에 대해 투자를 하되, 무모한 모험은 하지 말라. 부를 탕진하지 말라. 당신을 게으르게 만드는 사치도 허락하지 말라.

디스크 킹 (King of Disks)

(** 이 카드의 핵심은 세속적 권력)

이 카드는 불과 흙이 결합된 에너지, 생명을 잉태하는 흙의 운동을 보여준다. 이 카드에서 춤추는 인물은 무당의 원형이다. 이 무당이 왕처럼 보이지는 않을 것이다. 그러나 그는 의심의 여지없이 왕이다. 자연의 왕이다. 디스크, 즉 흙의 영역에서 무당은 자신의 몸과 물질 세계를 초월할 수 있는 힘을 지녔기 때문에, '다른 세상 사람' 같고 초월적인 것처럼 보일지 모른다. 그 때문에 그는 흙의 상징처럼 보이지 않는다. 그러나 확실히 그는 물질 세계를 지배하고 그것과 완전히 하나가 되어 있다. 그렇게 함으로써 그는 자신만의 특별한 사회적, 정신적 역할을 수행할 수 있는 것이다. 이런 합일은 디스크 킹(King of Disks)을 지배하는 처녀궁(처녀 자리) 사인에서 찾아볼 수 있다. 실용적인 기술, 현실적인 마음, 자연과의 일체감이 구현되어 있다.

무당은 식물로 치료한다. 그는 동물 왕국의 영혼들과 교감한다. 그는 지식과 치료하는 힘, 세속적인 문제에 대한 해법 같은 것을 물질 세계로 가져오기 위해 '다른 세상'으로 떠난다. 신비한 모습이지만, 절대로 '공상적'인 것은 아니다. 여기에 있는 요소들은 흙과 불이다 칼의 지성적 요소도 아니고, 물의 몽상적 요소도 아니다. 그의 의도는 현실적인 것들에 뿌리박고 있고, 사회에서 그의 지위는 물질적인 세상에 구체적인 성공을 가져다주느냐에 전적으로 달려 있다. 풍작을 이루게 하고, 아픈 사람을 낫게 하고, 자연계에서 부딪치는 어려움을 잘 헤쳐 나가도록 돕는 것이다. 여기에 묘사된 새는, 더 높은 상태로 날아가서 흙의 영역으로 안전하게 돌아올 수 있도록 해달라는 의미로 자기의 옷에 그림을 그리는 사람의 이미지를 풍긴다.

왕은 힘과 움직임을 나타내고, 보통은 말을 탄 모습 또는 말을 갖고 있는 모습으로 표현된다. 디스크 킹도 예외가 아니다. 그의 디스크는 사실상 굿을 할 때 쓰는 북으로서 말가죽으로 만들어져 있다. 이것은 그가 영혼의 세계로 타고 가는 '영혼의 말'을 나타낸다. 그는 말발굽 소리에 맞추어 북을 치고, 이것이 결국 모든 것을 알게 되는 환각 상태로 빠지게 한다.

그는 목에 초승달 모양으로 조각된 말의 뼈를 걸고 있어서, (그가 지배하는) 흙이 여성적 요소임을 일깨워준다. 그의 수사슴 가면은 원기를 회복시키는 힘이 있음을 알려준다. 사슴의 가지진 뿔과, 이것이 뻗어 나가는 모습은 재생과 쇄신을 상징한다. 이 뿔은 영원히 몸에 붙어 있는 것이 아니라, 보통 식물을 파종하는 2월~3월말에 떨어지게 된다. 그리고 이 식물은 7월~8월 한여름에 가장 무성하게 자란다. 이런 전통은 오늘날에도 영국의 일부 지역에서 볼 수 있다. 가지가 많이 뻗은 뿔 모양을 머리에 쓴 젊은이들이 자연의 풍부한 기를 빨아들이기 위해 수사슴 춤을 추는 것이다.

흰독말풀에 둘러싸여서 이런 춤을 추게 되는데, 이 식물은 전세계 주술 문화에서 공히 사용된다. 왜냐하면 이것이 마음을 파고들어서 무당들의 여행을 가능하게 만드는 경향이 있기 때문이다. 디스크 킹은 돈과 모든 물질적인 것들과 잘 어울린다. 점괘에 이 카드가 나타나면, 보통은 안정된 시기, 세속적인 세계에서 지속적인 성장기가 올 것임을 나타낸다.

◉ 상황 인식

디스크 킹이 보여주는 자기 훈련과 강한 목표 의식으로 당신은 물질적인 성공을 거둘 것이다. 당신과 마주치는 모든 것들과 본능적으로 상호작용 하려고 노력해야 한다. 부유함이나 지위 따위에 흔들리지 말아야 한다. 자연 세계와 유대를 유지해야 한다. 그래야 거래 관계에서 당신이 더 강해질 것이기 때문이다. 카드를 읽을 때 디스크 킹이 나타났다는 것은 그런 성격의 사람이 당신의 인생에 곧 나타날 것이라는 것을 의미한다.

디스크 퀸 (Queen of Disks)
(** 이 카드의 핵심은 비옥함)

　여왕은 여성적인 물의 요소를 나타낸다. 그리고 디스크는 흙의 요소를 나타낸다. 따라서 디스크 퀸(Queen of Disks)은 주로 어머니 지구(Mother Earth) 개념과 관련되어 있다. 궁정 카드 가운데 이 카드는 마갈궁(염소 자리)을 대표하고, 결실, 발아, 다산(多産), 야망을 나타낸다. 그녀는 열심히 일하고, 지적이기보다는 열정적이고 본능적이다.

　비록 그녀의 특성이 자연의 물질적 영역, 비옥한 흙, 현실적 문제와 관련되어 있지만, 그녀는 더 높은 수준의 창조성을 갖고자 하는 야망을 갖고 있다. 그러나 이런 야망을 표현하는데 어려움을 갖고 있다. 그녀는 흙과 식물의 생장, 질서 잡힌 성장 사이클에 대해 자연스럽게 공감하고 있는 것 같다. 그녀는 자신의 한계와 세속적 육신에서 벗어나 날아갈 수 있는 방법으로 약물을 이용하거나 남용하는 경향이 있는 부류의 사람일 것이다. 비옥한 흙의 여왕으로서 그녀는 풍부한 녹색 식물들에 둘러 싸여 있다. 그러나 그것들은 자연적으로 환각 성분이 있는 식물과 허브이다. 페이오우티[40], 사일로사이빈[41], 파리 주름버섯, 흰 독말풀이 그 예이다.

그녀는 두 개의 입방체가 달린 홀(笏)[42]을 갖고 있다. 이것은 흙의 상징이다. 이것이 함축하는 바는 '위에서처럼 – 밑에서도'이다. 역설적이게도 이것은 다시 더 높은 세계로 오르려는 그녀의 욕구를 부추긴다. 방패의 형태를 띠고 있는 그녀의 디스크는 그녀가 자연의 수호자라는 점을 강조한다. 그녀는 강하고 인내심 있고, 매우 유능하다. 그리고 종종 자신이 도달할 수 없는 목적을 갖고 있다. 그러나 이것이 그녀의 원동력이다.

🍎 상황 인식

지금은 운 나쁜 사람의 경제적 어려움을 알게 되는 때이다. 그들이 안정을 찾도록 물질적으로 돕고 보살펴야 한다. 당신이 내미는 손길이 그들을 치유할 수 있을 것이다. 디스크 퀸과 가장 직접적으로 교류하는 것은 여제이기 때문이다. 지금은 친목을 도모할 때이지만, 화려한 파티와 만찬 뒤에는 다른 종류의 삶도 있다는 것을 잊지 말아야 한다. 카드를 읽을 때 디스크 퀸이 나타났다는 것은 그런 성격의 사람이 당신의 인생에 곧 나타날 것이라는 것을 의미한다.

---

40) 멕시코, 미국 서부의 선인장의 일종.
41) 멕시코산 버섯에서 채취되는 환각제.
42) 황권을 상징하는 긴 막대기.

디스크 네이브 (Knave of Disks) (Knave=Jack)

(** 이 카드의 핵심은 일)

디스크 네이브(Knave of Disks)는 공기의 특성인 분석력과 정신적 자질을 갖고 있다. 좋든 싫든 흙의 요소에 뿌리박고 있다. 그는 세상 일에 천부적인 기술을 갖고 있고, 세속적으로 모든 일에 현실적으로 접근한다. 질서정연하고 잘 고안된 구조 속에서 일하기를 좋아한다. 황도십이궁도 가운데 금우궁(황소 자리)을 나타낸다. 그리고 그가 갖고 있는 최고의 특징은 석조물·도자기를 만들거나 카페트를 짜는 것과 같이 고난도의 기술과 기교를 강조하는 회교 범신론자들의 행로에 반영되어 있다. 이 길은 정신적 목표를 지향하고, 감각을 기르고, 인내심·참을성·인간성·예술적 비전을 기르고, 사회에서 제 역할을 담당케 하는 적당한 길로 간주되었다.

그는 수피주의자들이 입었던 푸른색 기운 웃옷을 자주 걸친다. 쉽게 화를 내지는 않지만, 한 번 화를 내면 엄청나게 무섭다. 그는 대단히 빨리 일을 처리할 수 있고, 천부적인 힘과 인내심을 갖고 있다. 그는 자신의 일을 천천히 시작하지만 확실하게 끝맺는다. 그는 머리에 금우궁의 소 뿔을 쓰고 있다. 그의 주위에서는 그가 쓰는 연장과 노력의 열매들이 있다. 그의 디스크에는 7배법을 나타내는 7각별이 있는데, 이것은 그가 사는 세상의 모든 일에 적용된다.

● 상황 인식

지금은 경제적인 성공을 이루기 위해 심지가 굳고 믿을 만한 사람이 되어야 할 때이다. 물질적인 상황에 집중해야 한다. 목적을 달성하려면 끈기 있고 단호해야 하며, 목표 지향적이고 유능해져야 한다. 카드를 읽을 때 이 카드가 나타났다는 것은 그런 성격의 사람이 당신의 인생에 곧 나타날 것이라는 것을 의미한다.

메이저 카드

(Major Arcana)

22장의 카드로, 이 카드는 1~21번까지 순서가 매겨 있고, 순서와 무관하게 광대 (Fool)라는 카드가 있다. 이것은 0번이고, 다른 카드와 별개로 간주된다. 이 카드들은 모두 우리 주위에서 작용하는 자연의 신비롭고 보이지 않는 힘, 우리의 삶에 영향을 주는 통제할 수 없는 고차원적 힘을 담고 있다.

22개의 카드는 각각 점섬술·연금술의 사인과 대응한다. 그중 12개의 카드는 황도 십이궁, 7개는 신성한 별 7개와 조화를 이룬다. 그리고 나머지 3개는 네 가지 연금 술적 요소 즉 세 가지(불·물·공기)에 대응한다. 마지막 네 번째 요소인 흙은 마이너 아르카나 카드 전체에 표현된다.

대 응 표
메이저 카드(*Major Arcana*)

0	광대(The Fool)	공기	
I	마술사(The Magician)	수성	
II	여승(The Priestess)	달	
III	여제(The Empress)	금성	
IV	황제(The Emperor)	백양궁(白羊宮)	양 자리
V	대사제(The Hierophant)	금우궁(金牛宮)	황소 자리
VI	연인들(The Lovers)	쌍자궁(雙子宮)	쌍둥이 자리
VII	전차(The Chariot)	거해궁(巨蟹宮)	게 자리
VIII	욕망(Desire)	사자궁(獅子宮)	사자 자리
IX	은둔자(The Hermit)	처녀궁(處女宮)	처녀 자리
X	운명의 수레바퀴(The Wheel of Fortune)	목성	
XI	업보(Karma)	천칭궁(天秤宮)	저울 자리
XII	매달린 사람(The Hanged Man)	물	
XIII	죽음(Death)	전갈궁(전갈)	전갈 자리
XIV	시간(Time)	인마궁(人馬宮)	궁수 자리
XV	악마(The Devil)	마갈궁(磨羯宮)	염소 자리
XVI	탑(The Tower)	화성	
XVII	별(The Star)	보병궁(寶瓶宮)	물병 자리
XVIII	달(The Moon)	쌍어궁(雙魚宮)	물고기 자리
XIX	태양(The Sun)	태양	
XX	계시(The Revelation)	불	
XXI	우주(The Universe)	토성	

광 대 (The Fool)

　광대(Fool)는 '無에서 有를 창조'하는 것을 나타낸다. 이것은 창조 신화, 창조성의 원천, 미지의 신비한 상태(출생 전이나 사망 후), 육신의 세계를 초월한 영역, 삶의 윤회 같은 신비한 주제들에서 핵심 개념이다. 광대의 특성은 순수, 어린이 같은 호기심, 웃음, 광기이다. 아주 낮은 광기에서 시작해서 높은 수준의 무아경으로 분위기가 바뀌면, 그 때는 우리가 신에 근접해 있다는 것을 나타낸다.

　메이저 아르카나에 속해 있지만, 광대는 나머지 트럼프 21개와는 구별된다. 광대는 자기만의 고유한 영역을 갖고 있다. 광대의 위치가 어디냐를 놓고 논란이 일고 있다. 맨 앞에 두어야 하느냐, 아니면 끝에 두어야 하느냐, 그것도 아니면 우주(Universe) 앞에 두어야 하느냐 하는 것이다. 광대와 우주 사이에는 약간의 생각해야 할 연관 관계가 있다. 광대는 절벽에서 떨어져 공중을 걷고 있는 것처럼 보인다. 그는 아치 밑, 악어 위를 걷고 있다. 이것들이 그의 주위를 원(○)처럼 둘러싼다. 이 카드의 숫자가 0이다. 우주에서 무용수는 둥근 원 안에 있다. 이 두 인물은 문을 통과한다. 우주는 친숙한 것에서 벗어나 초월적인 곳으로 떠나는 것을 나타낸다. 그러나 광대는 미지의 상태에서 우리 주변의 알고 있는 세계로 다시 나오는 것을 나타낸다.

창조 신화는 미지의 신비한 상태에서 세상 밖으로 나와 모습을 드러낸다. 그래서 우리는 광대를 첫 번째 순서에 배치한다. 실제로 트럼프 순서는 0이라고 하는 숫자가 암시하듯이, 시작도 없고 끝도 없다.

광대가 다른 메이저 카드와 구분되는 것은 중세의 박해 속에서 살아남은 유일한 카드이기 때문이다. 이것은 아르카나와 조커 (Fool) 만으로 구성된 현대의 놀이용 카드를 낳았다. 메이저 트럼프를 탄압한 책임은 가부장적 교회에 있을 것이다. 이들은 광대만 남겨 두었다. 광대가 순수하다고 믿고, 비밀을 갖고 있지 않을 것이라고 생각했기 때문이었던 것 같다.

우주의 창조는 많은 신화들에 묘사되어 있는데, 이해하기가 쉽지 않다. 그중 가장 강력한 은유는 '처음으로 후-하고 불어 우주를 창조했다'는 것이다. 그래서 광대는 바람과 공기의 속성을 갖고 있는 '(숨을)내쉬는 카드'이다. 새로 태어난 아기가 처음으로 하는 무의식적인 행동이 숨쉬는 것이다. 이 카드에서 광대는 공중에 떠서 플루트를 불어 음악이란 분야를 창조한다. 그가 통과하는 아치 또는 통로는 숫자점의 개념과 관련되어 있다; 예언자는 말한다. "신이 동정심을 갖고 후-하고 불어 우주를 창조했다. 신의 숨결이 우주에 스민다. 마찬가지로 숨을 내쉴 때, 모음과 자음이 만들어진다. 동정심을 갖고 단어(알기 쉬운 형태)를 내뱉자 이번에는 보고 느낄 수 있는 존재(存在)가 만들어진다.

아치는 슈(Shu)의 신하인 바람의 혼령들이 떠받치고 있다. 이집트에서 공기의 신인 슈는 자기 아버지인 아툼(Atum)이 입에서 뱉어서 태어나게 되었다. 호루스(Horus)는 악어 모습을 하고 있는데,

악어는 고대 이집트 신화에서는 신과 같은 피조물이다. 그 이유는 자기의 잃어버린 아버지 오시리스(Osiris)를 나일강에서 찾기 때문이다. 광대는 다시 순수·결백에서 지혜·지식으로 탐구의 과정을 거친다. 광대는 엄청난 힘의 상징인 악어로 인해 더 힘을 얻게 된다. 악어의 생식 방법은 신비에 싸여 있다. 따라서 모든 생물 가운데 가장 위대한 창조적 에너지를 갖고 있다고 여겨진다. 기원을 알 수 없다는 점은 미지의 출처에서 세상에 나온 광대도 마찬가지다. 여기에 있는 악어는 광대에게는 전혀 위협이 안 된다. 지금 보는 것과 같은 광대의 순수함이 동물의 창조적인 본능을 지배한다.

그가 절벽에서 뛰어내린 것은 산에서 세상으로 내려온 짜라투스트라를 연상시킨다. 그는 깃털 달린 모자가 가리키듯이, 놀라운 초인적 스피드를 갖고 있고, 요가법을 써서 몸을 공중 부양하는 티벳의 룽 곰파(Lung Gom-pa)[43] 또는 '풍인'(風人)이다. 풀은 신경계·충동의 영역·충동적 행동을 지배한다. 그는 알려진 것도 없고 알 수도 없는 나구알(Nagual)[44] 영역의 원천이다. 예측할 수 없는 것이 바람과 같아서, 광대(Fool)라는 용어도 'follis' 즉 '공기 주머니'라는 말에서 유래되었다.

점괘에 이 카드가 나오면, 세상 사람들이 통제할 수 없는 위험과 놀라움이 시작된다는 것을 뜻한다. 광대는 예상하지 못한 사건, 새롭고 예측할 수 없는 변화들을 얘기해준다. 질문하는 사람은 자신의 우둔함과 충동적인 본능에 대해 알아야 하고, 예상할 수 없는 환경이나 영향에 대해 조심스럽게 반응할 수 있어야 한다. 그것은 새로운 모험의 시작일 수 있다. 그러나 예상했던 것과는 아주 다를 수 있다. 이 카드는 자신의 인생에서 일어나고 있는 아주 강력한 힘의 전조이자, 극적인 변화의 가능성, 거대한 사건의 구도 속에서 우주적인 변화의 강력한 표현이자 놀라움의 전조이다.

---

43) 티벳 문화에 나오는 수도승 또는 수행자.
44) 스페인어로, 중미 지역의 절대자 또는 무한성을 나타내는 말.

🍎 상황 인식

일을 지나치게 분석하지 말라. 때때로 당신은 위험을 무릅써야 한다. 지금은 다른 사람의 말이나 행동에서 숨겨진 의미를 찾거나 궤변을 늘어놓을 때가 아니다. 어린아이가 되라. 그렇지 않으면 당신은 지상 천국을 볼 수 없을 것이다. 뒤돌아보지 말라. 행동이나 사건을 예견하려 하지 말라. 순수하게 믿어야 할 때인 것이다.

Ⅰ. 마술사 (Magician)

　　광대(Fool)가 타로 트럼프의 첫 번째 카드로 일반적으로 알려져 있지만, 실제로 첫 번째 카드는 마술사(Magician)이다. 광대와 마찬가지로 마술사는 새로운 일련의 사건들이 시작됨을 알린다. 그러나 두 카드의 의미 사이에는 분명하고도 미묘한 차이가 존재한다. 광대는 초월적인 세상과 현세를 연결하는 통로이다. 마술사는 현세로 이동하는 것을 나타낸다. 그는 특정한 방향으로 에너지가 흘러가는 것을 나타낸다. 광대는 그 에너지의 원천인 셈이다.

　　여기 보이는 마구스(Magus)는 수정으로 꾸민 듯한 경치에 둘러싸인 채 서 있다. 수정은 무당이 자기들의 웬드(Wands)를 만들 때 사용했던 것이다. 티벳의 본 마술사들은 특히 권력의 상징물로서 수정을 사용하는 것으로 유명하다. 이것은 20세기에 와서 다시 퍼진 생각으로, 20세기에는 수정이 치료와 정신적 양육의 세계에서 널리 사용되었다. 마술사는 물질 세계를 변화시키기 위해 자신의 의지와 개인적인 역량을 동원해 자기 주위에 있는 자연적인 힘과 결합한다. 그를 둘러싼 커다란 원광(圓光)과 그의 머리 위에 있는 무한대 표시(∞)는 둘 다 그가 깨달음의 경지에서 행동하고, 자기 자신의 타락한 욕망으로부터 자유롭다는 것을 보여준다. 이것은 마술을 할 때 아주 중요하다. 무한대의 표시는 무한한 의식, 무한한 잠재력을 상징한다. 마술사의 목걸이는 단순한 장식물이 아니라, 그에게 커다란 '원 같은 자아', 자기 의식의 전체성을 나타내 주는 것이다.

그는 한 손은 들고, 다른 손은 아래를 가리키고 있다. 그의 에너지는 높은 곳에서 밑에 있는 땅을 지나고 있다. 이것은 그가 위대한 영감을 얻어서 현실적인 문제를 해결할 수 있다는 것을 뜻한다. 이런 요소들, 즉 웬드, 컵, 스워드, 디스크를 그가 통제하고 있다는 것은, 그의 메시지를 우리의 세속적인 삶의 모든 수준, 즉 상상력, 가슴, 마음, 몸에 침투할 수 있다는 것을 뜻한다. 이 개념은 이 카드의 바닥에 있는 수정으로 된 설편(雪片) 디자인에 나타나 있다. 무당의 세계에서 6각별 형태의 설편은 네 방향(네 방향의 바람 또는 네 가지 요소의 의료용 휠)을 나타낸다. 수직선으로 나뉘어 있고, 저급한 세상에서 고차원적인 세상으로 이동하고 어둠에서 빛으로 이동하는 것을 상징한다. 마술사는 이 모든 영역들을 알고 있고, 자유롭게 이곳 저곳을 여행할 수 있다.

이 카드는 수성이 지배한다. 그리스 신화에서 수성에 대응하는 것은 헤르메스였다. 그는 여행자들의 안내자였고, 지모가 풍부하고 교활한 행운을 가져다주는 사람이었다. 그렇지만 수성은 신의 의도를 전달하거나 신의 의지를 대신 수행할 정도로 훌륭한 신은 못되었다. 그의 영향을 느낄 수 있는 것은 메시지가 우리 주위에 나타날 때이다. 현존하는 모든 것과 모든 사람이 상호 연결되어 있고 전체적으로도 연결되어 있다고 확인시켜 주는 삶의 동시성을 느낄 때 그의 영향력을 느낄 수 있다. 이런 연결망을 무당은 힘의 그물망이라고 불렀다. 이것은 우리 삶의 모든 측면을 다루지만, 우리는 대개 그것을 잊어버린다. 마술사의 영향력은 이런 현상에 대한 우리의 지식을 풍부하게 해준다.

광대는 눈이 먼 비합리적인 힘을 나타내는 데 비해, 마술사는 비전을 갖고 있다. 그의 영역은 통신, 기술, 창조적 상상력이다. 그는 새로운 기회를 가져다주고 우리에게 "그래, 여행할 수 있어"라고 말해준다.

🍎 상황 인식

당신이 적극적인 의지와 의식을 갖고 있다면, 지금 당신이 생각하는 모든 것을 이룰 수 있다. 당신은 세계를 향해 도전하고 있으며 좀더 나은 쪽으로 변화하기 위해 당신의 기술과 지성을 이용하고 있다. 신비한 힘을 만들라!

Ⅱ. 여 승 (The Priestess)

여승(Priestess)은 우리가 자기 내면의 아주 심오한 부분과 거래하고 있음을 말해준다. 여승을 지배하는 행성은 달이다. 이것은 우리의 감정 세계와, 우리가 스스로에 대해 내면적으로 느끼는 것을 나타내 준다.

이것은 여성의 직관과, 이와 관련된 다양한 측면들 - 꿈, 기억, 텔레파시, 천리안, 영혼 등 - 을 가장 순수하게 표현한 것이다.

그녀는 베일 뒤에 서 있다. 드러난 것은 그녀의 극히 일부뿐이다. 마찬가지로 우리는 우리 기억과 창조적 원천의 작은 파편에만 접근할 수 있다. 우리는 자신에게 공포감을 주고 매혹시키는 것들을 숨기고 신성시한다. 그녀 뒤에는 낙타가 있다. 이 동물은 장시간 여행하기 위해 많은 물을 몸에 간직할 수 있다. 이처럼 물을 담을 수 있다는 것은, 잠재 의식 속에 물 의식(직관력)을 보유하고 있다는 사상과 일맥 상통한다. 여승은 기억과 상상력, 정신력, 정신적 지혜를 모두 갖추고 있다. 그녀는 종교의 내면에 숨겨진 진실을 간직하고 있는 비밀스런 교회이다. 그녀는 대사제에 해당하는 여성 성직자이다. 대사제는 정신적 경로를 가시적으로 보여주고, 여승은 내면적인 정신적 진화를 보여준다.

이것은 물과 달의 카드이기 때문에, 밀물과 썰물의 카드, 물결의 카드, 물결을 통해 전달되는 것을 나타내는 카드이다. 달이 차고 기우는 것을 나타내는 물결 모양은 수평선을 가로질러 오른쪽으로 달린다. 감정과 사상, 생각이 모두 물결처럼 전파된다. 물은 영감을 통해 지식을 얻고, 동시에 이를 공유하게 만드는 원천이다. 여승이 천리안을 갖고 있다는 것은 여승의 발에 있는 수정구에 표현되어 있다. 그녀는 티벳의 요정 같은 여신 다키니스(Dakinis)[45]와 비교된다. 이 여신은 해골과 낫을 들고 서 있고, 불가사의한 힘을 갖고 있다. 여기서 해골과 낫은 각각 고대의 컵과 칼에 비유되고, 보통 여성적 지식과 남성적 지식을 나타낸다. 여기에 있는 낫은 초승달처럼 굽어 있는데, 이것은 여성적 지혜의 우월성을 나타낸다.

많은 신화들은 영원한 처녀성, 영원한 힘을 표현한다. 이처럼 신화에 나오는 여신들 가운데 가장 널리 알려진 것이 이시스(Isis)[46]와 성처녀 마리아(Mary)이다. 이들은 서로 연결되어 있다. 그림의 구석에 있는 이집트 상형 문자는 이시스의 왕관이고, 마리아가 예수를 흔들어 재우듯 이시스가 호루스(Horus)를 흔들어 재우는 모습을 볼 수 있다. 배에 있는 물고기는 성처녀 안에 있는 예수로서 처녀 출산의 가능성을 상징하고, 잠재 의식 속에 있는 물고기의 씨앗으로서 진화의 출발점을 상징한다. 그러나 이런 이미지는 수메리아 문화처럼 아주 오래된 고대 문화에서 찾아볼 수 있다. 이들의 구원의 신인 오아네스(Oannes)[47]는 반어반인(半魚半人)이다. 그는

---

45) 요정처럼 신비한 힘을 갖고 있는 티벳의 여신.
46) 나일강의 풍요와 새로운 탄생을 상징하는 오시리스의 처. 대지의 여신. 세계의 지배자로 숭배됨.
47) 수메리아 지역의 구세주 같은 인물.

구원으로 이끄는 모든 신비한 예술을 가르치는 교사였다. 물고기 우화와 구원의 신 예수와의 관련성은 널리 알려져 있다.

이 카드의 밑에 있는 사인은 십자가(✝)와 물(▽)과 땅(▽)을 복합적으로 나타내는 기호이다. 비록 그리스도가 구원을 받고 '승천했지만,' 마리아(▽)는 흙(▽)으로 돌아갔고, 이들은 둘 다 여성적 요소를 갖고 있다. 그녀가 구원받은 길은 여성이 지식을 획득하는 길이기도 하다. 이것은 성모 마리아의 몽소승천(蒙召昇天)으로 알려져 있다.

마지막으로 중요한 것은 베일의 이미지이다. 베일에는 언급할 만한 중요한 성서적 의미가 들어 있다. 그리스도가 십자가에 누워있을 때 여성 베로니카(Veronica)가 머리를 닦아주었다고 적혀 있다. 몸에 흐르는 피와 땀이 어우러져서 옷에 그리스도의 얼굴 이미지를 남겼다. 이것이 '베로니카의 베일'로 알려졌다. 베로니카는 월경할 때 피를 흘리는 영원한 질병을 앓고 있었기 때문에 사회에서 추방된 여인이었다. 그리스도의 이미지가 베일에 나타난 후, 그녀는 이 병에서 나았다. 베일이 치료하는 특성 또는 닦아내는 특성 때문에, '여승의 베일 = 깨지지 않는 결혼'이라는 사상을 낳게 되었다. 이것은 베일 뒤에 조잡한 물질 세계에 의해서도 더럽혀지지 않는 순수한 정신적 지식이 숨어 있다는 것을 암시한다.

처녀 신인 여승을 둘러싼 이 모든 신화에서, 우리가 새롭게 정의하고 받아들일 수 있는 정보는 무엇일까. 베일은 보이지 않는 영향력이 작용하고 있고, 간접적인 지도력이 있다는 것을 우리에게 말해준다. 비밀에 부쳐져야 할 일들을 말할 때가 아니다. 따라서 주의가 키워드가 되어야 한다. 특히 무심코 던지는 말을 조심해야 한다. 내적인 탐구가 최대의 계시와 보상을 가져다 줄 것이다. 명상할 때이다. 작은 목소리에 귀를 기울여라. 물결은 우리에게 파도가 칠 때는 배를 띄우지 말라고 가르친다. 외부 세계에 균형을 맞추려고 하지 말고, 내면 세계가 균형을 이루도록 집중하라. 꿈에 주목하고, 직관의 지도를 따르라.

● 상황 인식

어떤 질문을 하기 전에, 만물을 내다보는 여승의 정신적인 안목과 이미지를 잘 생각해야 한다. 여승이 나타났다는 것은, 현재와 미래에 영원히 연결되었다는 것을 인식하기 위해서 조용히 자기 내면의 목소리에 귀 기울여야 한다는 것을 말한다. 이런 것을 인식하면, 당신은 통찰력을 얻을 것이다.

III. 여 제 (The Empress)

여제의 한 가지 측면이 비밀스러움, 즉 알기 힘들다는 점이라면, 여제에 관해 강조해야 할 점은 포용력과 개방성이다. 그녀는 흙의 어머니(Earth Mother)의 원형이다. 일반적으로 '어머니' 하면 자비롭고, 길러주고, 보호해 주는 존재를 연상하지만, 흙의 어머니는 대양처럼 어두운 면을 갖고 있다. 데메터(Demeter)[48]는 해마다 겨울이면 3개월 동안 슬퍼했다. 그녀는 멍청하게도 변화를 거부했는데, 자연은 변하고 있다. 만일 자식의 성장을 막는 어머니가 있다면, 그녀는 숨막혀 죽을 것이다. 여기서 배울 수 있는 교훈은 적응하라는 것, 자연과 조화를 이루라는 것이다. 봄은 가장 황량한 겨울 뒤

---

48) 데메터의 딸 페르세폰(Persephone)을 하데스(Hades)가 유괴했다. 이에 대한 앙갚음으로 데메터는 땅을 황폐하게 내버려두었다. 헤르메스(Hermes)의 중재로 결국 타협이 이루어졌다. 내용은 페르세폰을 어머니 데메터가 데리고 있도록 한 것. 그러나 예외적으로 1년 중 3개월은 페르세폰에게 하데스의 지하세계에 들어가 있도록 했다. 따라서 그 기간 동안 땅은 황폐해지고, 데메터는 신음하게 되었다. 매년 겨울이 끝나고 페르세폰이 데메터에게 돌아오면, 봄이 시작되고 생기가 돌고 세상이 풍요로워졌다.

에 온다. 여기 보이는 초록색 잎들은 봄에서 가을로 옮아감을 나타낸다. 여기에 있는 잎들은 가을의 갈색 잎이 아니다. 이것은 자연의 순리에 따라 일찍 꽃이 피는 초록색 잎이다. 그것들은 봄비처럼 우수수 떨어진다. 이 특별한 잎은 담쟁이 잎처럼 생긴 해란초에서 따온 것이다. 그리고 '백만인의 어머니'라는 적절한 이름이 붙여졌다.

모성애의 가장 심오한 이미지는 아마도 임신과 출산일 것이다. 봄이 전통적으로 새로운 사상과 인식을 내놓는 시기이듯이, 여제는 출생과 출산, 확산의 상징물들에 둘러싸여 있다. 이집트에서 출산의 여제인 타우렛(Tauret)[49]은 사자의 뒷다리를 갖고 있는 임신한 하마로 묘사된다. 그녀는 손을 파피루스 종이 두루말이 위에 올려놓는다. 이 파피루스 종이는 결과적으로 자기 보호를 나타내는 문양이다.

⚫ 상황 인식

열린 마음과 넓은 도량을 가지면 소망하는 것이 이루어질 것이다. 당신은 새로운 아름다움, 지상 낙원의 평화, 비옥함과 정신적·감정적·육체적으로 영원히 닿아 있다. 이 사실을 안다면, 당신은 살아가면서 이런 것들을 욕심 내지 않을 것이다. 천국을 이 땅에 건설하려고 노력한다면, 창조적인 영감을 얻을 수 있고 무엇이든 원하는 것을 할 수도 있다. 충실히 노력해서 힘을 발휘하라.

---

49) 하마의 머리를 가진 고대 이집트 여신으로 풍부함과 출산을 상징함.

IV. 황 제 (The Emperor)

(** 여기에서 핵심어는 권위, 책임, 행동)

숙자점(數字占)에서는 3을 강조한다. 삼위일체도 그렇고, 이전 숫자의 종합(1+2=3)이라는 뜻에서도 3이 중시된다. 이런 숫자점 체계에서는 4가 독특한 중요성을 지닌다. 이것은 새로운 시작을 알리는 숫자이다. 앞의 숫자와는 떨어져 있다. 황제는 자기 의지에 따라 독자적인 존재로 다시 태어났다. 숫자 4는 또 4면으로 된 건물, 건축, 안전한 조직 구조와 법질서라는 개념을 담고 있다. 황제는 이 모든 것을 자신의 권력과 의지로 만들어낸다.

그는 과거의 것을 파괴함으로써, 더 정확히 말하면, 자신의 과거를 없애버림으로써 이것을 성취했다. 그는 두 개의 양머리 사이에 앉아 있다. 이 양머리는 백양궁(양 자리)을 상징하고, 이것이 이 카드를 지배한다. 한 개의 양머리는 해골이다. 그것은 죽어 있다. 이것이 자신의 과거이다. 그는 다른 쪽, 즉 미래를 향해 고개를 돌린다. 그는 자신이 성취하려는 것을 보고, 잡스런 생각 없이 목적을 위해 의지를 다진다.

그는 오른손으로는 자신의 남성적 권력을 나타내는 남근 토템을 잡고 있다. 왼손으로는 구체(球體)와 십자가를 잡고 있다. 이것은 감정과 반대되는 의지로서, 정부를 수립하는 것을 상징한다. 이 물체는 전통적으로 여성을 상징하는 금성을 뒤집은 것이다. 그는 틀림없이 경직성과 가부장적 도그마를 알고 있을 것이다. 그럼에도 그는 야만적이지 않다. 겉모양만 보면 호전적이지만, 그는 무기를 들고 있지 않다. 그의 발에는 보호용 방패가 있다.

그의 토템에는 표시가 새겨져 있다. 이것이 이 카드에서 어떤 일들이 벌어지는지 알게 해주는 핵심 열쇠다. 십자가(+) 위에 삼각형(△)이 있는데, 이것은 조금씩 다르지만, 서로 보완할 수 있는 세 가지 해석을 갖고 있다. 첫째로 그것은 황과 변화하는 힘을 나타내는 연금술적 사인이다. 빨리 움직이고, 짧게 끝나지만, 결정적으로 중요하다. 둘째로 그것은 정신이 물질을 지배하는 것을 상징한다. 위쪽을 가리키는 별과 닮아서, 황제의 정신이 물질 세계를 지배하고 있다는 것을 보여준다. 셋째로 표시가 둘(△, 4)로 나뉜다고 할 수 있다. 삼각형은 전통적으로 의지, 마니푸라 차크라(manipura chakra), 남성적 에너지를 나타내고, 십자가는 자비와 이타주의를 나타내는 목성의 점성술적 사인인 4처럼 쓰였다. △과 4가 결합한 것은 강한 의지력과 함께, 구조를 만드는데 인간적으로 접근한다는 것을 확실히 보여준다. 황제의 모습 자체가 이 같은 표시를 어느 정도 반영한다. 그가 다리를 꼬고 있는 모습이 십자가 모양을 띠고 있고, 그의 양 날개가 삼각형 형태를 나타낸다. 날개는 연금술적 지식의 표현이다. 연금술에서는 빨간 독수리가 의지의 불로 만들어진 인간 정신을 나타낸다.

황제는 커튼 앞에 앉아 있다. 그의 고상한 지식의 일부는 여전히 커튼에 가려져 있어서, 아직 파악되지 않는다. 그러나 그는 건전한 구조와 안정을 이루어냈고, 더 많은 건물을 지을 수 있는 토대를 마련해 놓았다.

🍎 상황 인식

당신이 어떤 태도로 힘과 권력을 얻고 사용하는지 시험받고 있다. 권위 있는 사람이 어떤 사람이라고 생각하는가? 당신이 지도자인 것처럼 행동하라. 당신의 지위를 유지하도록 다른 사람의 도움을 받을 수 있다는 것을 확신한다면, 당신은 스스로 책임 져야 하며, 조화롭고 합리적인 힘으로 목표를 이루어야 한다.

V. 대사제 (The Hierophant)

메이저 아르카나의 다섯 번째 트럼프는 대사제(Hierophant)이다. 그는 사제이자, 치료사이자, 사회의 성인이다. 교황은 아니지만, 최고의 성직자 또는 주교이다. 어원상으로는 '다리'(橋)라는 말에서 유래했다. 그는 다리를 놓는 사람이다. 자기 자신으로부터 우리에게, 또는 자기 자신으로부터 영혼 세계에 다리를 놓는다. 서로 다른 영혼의 길 사이에도 다리를 놓는다. 그래서 이 카드에는 이슬람교, 불교, 기독교, 샤머니즘 등의 다양한 문화가 많이 표현되어 있다.

이 카드의 점성술적 의미는 개방성과 청취력에 집중된다. 새로운 영향을 받아들일 준비가 되어 있어서, 한결 완벽하고 전체적인 이해와 지식을 얻는 것을 뜻한다. 음악을 듣든, 찬송가나 노래를 듣든, 초월하려면 들어야 한다. 그의 왼쪽에는 현악기가 서 있다. 이것은 '다른 세상'을 경험하지 못하게 막는 일반적인 의식에 침투해서 그 한계를 깨는 음악의 능력을 상징한다.

그의 오른쪽에는 책이 있다. 이것은 그의 학문 세계와 추상적인 직관적 지식으로부터 일관된 성서 문구를 만들어 내는 그의 분석력을 상징한다. 깃털로 된 흰색 가면이 그의 오른쪽에 있는 책 위를 자유롭게 날아다닌다. 이것은 그가 차용할 수도 있고, 아예 집착하지 않고 자유롭게 지닐 수도 있는 공기 또는 지성의 요소이다.

대사제는 점잖고 안정되어 있다. 마음이 선하지만, 강한 정신을 갖고 있다. 그는 전통과 비밀을 전달한다. 그는 거대한 피라미드를 세운 람세스 II세의 모습을 띠고 나타날 수 있을 것이다. 대사제의 수는 5이고, 피라미드도 5면을 갖고 있다. 언제든 한쪽 면은 볼 수가 없다. 알 수 없는 삶의 신비이다.

그는 무당의 북을 메고 있다. 이 북은 다른 세상으로 연결하는 다리이자, 기독교의 십자가이다. 십자가를 중앙에 걸지 않고 가슴쪽으로 끌어당겼다는 점을 주목해야 한다. 이것이 강조하는 것은, 그가 가는 길이 교회나 도그마의 길이 아니라, 사랑과 직관의 세계에 기초한 이교도적 기독교의 길이라는 점이다.

그의 지팡이는 7개의 차크라(chakras)를 지나 깨달음에 이르는 쿨리나리(Kulinari)뱀의 형상을 하고 있다. 대사제는 모든 영역과 모든 언어를 알고 있다.

문이나 다리에는 상징들로 가득 차 있다. 아랍어 글자는 고대 터키어인데, 위대한 이슬람 신화인 메블라나(Mevlana)[50]의 전설을 들려준다. 그의 무덤은 코니아(Konya)에 있다. 메블라나는 더 고상한 경험을 하기 위해 문하에 음악을 이용하는 것을 대단히 중시하는 수도승들을 양성했다. 성도(聖都) 코니아는 타우루스(Taurus) 산기슭에 있다. 점성술적으로 금우궁(Taurus)는 그가 메고 있는 무당의 북 옆에서 볼 수 있다. 그리고 간접적으로는 두 개의 베개 꼭대기에서도 볼 수 있다. 왜냐하면 ♉라는 상징은 태양(○)과 달(˘)

---

50) 터키어로, '소용돌이 치는 수도승'의 수피 질서를 창조한 사람 이름.

이 합쳐서 된 것이기 때문이다. 따라서 대사제는 의식과 잠재 의식 간에 다리를 놓기도 한다. 베개 밑에 있는 유대교의 6각 별은 불(△)과 물(▽)의 두 요소가 결합해서 생긴 상징이다. 이 경우에 이 별은 예술, 과학, 종교 간의 조화를 나타내는 범문화주의(pax cultura)를 상징한다.

마지막으로 문의 맨 위에는 중국 도교의 궤가 그려져 있다. 이것은 '결합' 또는 '통일'을 나타낸다. 그 가운데 패널에는 성인의 특성을 나타내는, 마야 문화에서 유래한 문양 10개가 있다. 이 열 개는 다음과 같다. ① 신과 하나가 됨 ② 신의 본성은 자명하다 ③ 의식의 완전한 빛 ④ 불꽃 없이 타다 ⑤ 사물 속으로 몰입하다 ⑥ 완전성의 획득 ⑦ 공기로 태어남 ⑧ 악마의 지식 ⑨ 물로 태어남 ⑩ 죽음 극복.

만일 이 카드에 나오는 상징이 너무나 많고 다양하다고 생각한다면, 대사제의 독특한 지위가 바로 한가지 실재를 이처럼 다양한 개념과 그림으로 나타내고, 이것을 다시 하나로 모아 조화를 이루는 것이라는 것을 명심할 필요가 있다. 그는 집착하지 않고, 문화적 선호도 선입견도 없다. 그는 열려 있다. 그것이 바로 개인으로서 그가 우리에게 지니는 의미이다. 선입견 없이, 열린 자세로, 상황을 정확히 꿰뚫어 보고, 들을 수 있고, 포용하고, 호흡하고, 동화한다.

🍎 상황 인식

우리 조상들은 자기들 시대에 쓸모 있는 것들을 지키려는 진지한 열망에서 전통과 규칙을 세웠다. 그러나 당신은 맹목적으로 복종하는 것이 늘 최고의 관심사는 아니다. 자유롭게 생각할 권리를 억압당하게 되면 결국은 순응으로 끝나게 된다. 많은 경우에 종교적인 도덕의 가치와 전통은 여전히 당신을 안정시켜 주고 지탱시켜줄 것이다.

VI.연인들 (The Lovers)

이 트럼프는 가슴이나 직관을 타고 오는 메시지를 다루기 때문에 '연인들(The Lovers)'이라고 불린다. 이 카드가 우리에게 얘기하는 것은, 우리가 어떻게 결정하는지 보라는 것이다. 과거로부터 알려진 것을 기초로 미래에 관해 선택하라.

고대 문화에서 무당이나 신부는 성인(聖人)이 되기 전에 반드시 육체적이든 정신적이든 의례적으로 혼례를 치렀다. 이렇게 해서 여성의 기(氣)와 직관력을 흡수했다. 이것들이 모성과 여신 문화의 핵심이다. 연금술적으로는 이 의례적인 결혼을 두 연인의 춤으로 표현한다. 결혼이 선택이듯, 선택은 직관을 기초로 이루어짐을 강조한다. 연인들은 결혼, 동반자 관계, 새로운 모험 등에 모두 좋은 전조이다. 최초 남녀가 에덴 동산 밖으로 쫓겨 나갔듯이, 이들도 지식 세계 밖으로 나가려 한다.

이 트럼프는 메이저 아르카나에서 6번째이다. 6은 성적 결합을 나타낸다. 육각 별은 사실 두 개의 삼각형, 즉 남성(△)과 여성(▽)

이 포개진 것이다. 라틴어로 6이 섹스를 뜻하는 이유가 바로 여기에 있다. 성교를 하면서 남녀는 서로의 기를 흡수한다. 사랑이란 남녀의 성기가 서로 조화롭게 작동되는 균형 상태이다. 그래서 섹스가 진실로 '사랑 만들기'가 되는 것이다.

이 카드는 쌍자궁(쌍둥이 자리)이 지배한다. 선택할 필요가 있다는 것은 동반자 관계로 발전할 가능성이 있다는 것임을 명심할 필요가 있다. 이것은 쌍자궁이 우유부단하다기보다 사회성이 있다는 것을 뜻한다. 하나의 화살은 하나의 과녁만 맞출 수 있다. 밑에 있는 연인들을 향해 겨누고 있는 큐피드의 화살은 순수한 정신적 지성이다. 목적은 심장을 꿰뚫는 것. 심장은 정신적 느낌과 사랑의 감정이 샘솟는 중심이다. 사랑에 빠진 쌍자궁에 대한 신화에는 놀라운 사례들이 들어 있다. 아폴로(Apollo)는 자신의 쌍둥이 여동생 아르트미스(Artmis)와 짝을 지었다. 역시 쌍둥이인 이시스(Isis : 달)와 오시리스(Osiris : 태양)는 어머니의 자궁 속에서 짝을 짓고 자식 호루스(Horus)를 낳았다. 이것은 지금 진지한 느낌과 솔직한 감정을 바탕에 깔고서 내린 결정과 관계와 동반자 관계가 건전한 결과를 낳을 것이라는 것을 가리킨다.

연인들이 들어가서 춤추는 검은 병의 이미지는 뱀이 감싸고 있는 알의 이미지와 유사하다. 신비한 일이 벌어지는 연금술 병(남성과 여성, 태양과 달의 연금술적 혼합)이 난자를 상징한다. 물론 난자 안에서는 신비한 일이 벌어진다. 난자가 수정된 것은 이성 간의 자연스런 사랑과 매혹의 결과이다. 자기 자신의 이중성을 깨닫게 되는 이 과정을 두고 우리는 '사랑에 빠졌다'고 말한다. 뱀은 지식을 상징한다. 가장 유명한 사례가 에덴 동산에서 벌어졌다. 다시 우리는 집안을 벗어나서 여행길에 오르고, 선택을 하고, 성장의 새로운 길을 걷고, 높은 목표를 달성하는 연인들에 대한 생각으로 돌아간다. 이 때문에 연인들은 그들만의 직관의 날개를 갖고 있다.

전반적으로 이 카드는 관계, 특히 낭만적인 관계에 대한 우리의 태도와 관련된다. 우리가 어떻게 배우자를 선택하고, 일반적으로 어떻게 결정을 내리는 지와 관련된다. 여기 있는 칼은 나누고 분석하는 예리하고도 정교한 도구이다. 그러나 "가슴에서 우러나오는 메시지"가 연인들에게는 핵심적으로 중요하기 때문에, 순수하게 지적인 분석만 갖고는 충분하지 않다. 문제는 "내가 진정으로 깊이 원하는 것이 무엇인가?"하는 것이다.

● 상황 인식

당신이 현재 맺고 있는 관계는 당신의 내적 균형을 반영하고 있다. 무엇 때문에 불만스러운지를 생각할 게 아니라 무엇이 현재 당신을 멀어지게 하는지를 명확히 하라. '연인들'은 때때로 애정사를 의미하지만, 그 선택이 낭만적이거나 성적인 것만은 아니다. 하지만 어떤 두 가지 유혹 사이에서 이루어질 것이다.

VII.전 차 (The Chariot)

VII. The Chariot

그리스와 수메리아 같은 고대 문화에는 태양신 또는 태양 자체
가 전차(戰車)를 타고 하늘을 가로질러 달렸다는 신화가 나온다.
매년 로데스(Rhodes)[51]의 사람들은 자기들의 주신(主神)인 태양신
에게 전차와 말을 바쳤다. 그리고 신이 사용하도록 높은 곳에서 그
들을 바다로 떨어뜨렸다. 결과적으로 헬리오스(Helios) 신화는 아
폴로 신화로 대체되었고, 태양은 신화적·사회적으로 더 중요해졌
다. 이 때까지만 해도 동등한 지위를 누렸던 달은 이제 태양에 이
어 두 번째 자리로 밀려났다. 그러나 원래 태양을 위해 전차를 바
다 속에 빠뜨리는 의식은, 태양의 불같은 에너지가 달과 대양의 음
력(陰力)에 복종하는 것을 상징적으로 나타냈다.

얼핏보면, 카드 속에는 말이 한 마리 있는 것 같다. 그러나 자세
히 들여다보면 둘이다. 두 마리 말은 마부가 조종하려고 하는 충돌
하는 감정들이고, 이 감정들은 태양과 달의 측면이다. 마부는 이것
들을 하나로 통합해 앞으로 나아가려고 한다. 불같은 남성적 에너

---

51) 고대 그리스 문명이 왕성했던 중요 지역.

지가 우월했다는 느낌이 든다. 비슷한 유추는, 마부는 마음이고, 전차는 몸이고, 말은 감정이라는 것이다. 한 방향으로 나아가기 위해서는 모든 것들이 균형을 이루어야 한다. 이것은 모든 사람들의 특징, 육체적 건강, 정신적 복지에 신경 쓸 것을 의미한다. 점괘에 이 트럼프가 나오면, 균형을 잃어버릴 위험성을 경고하는 것이다.

이 카드가 나오면 어느 정도 성공할 가능성이 있다. 그러나 동시에 공허해지고 자만에 빠질 위험이 있다. 자만 뒤에는 몰락이 온다. 특히 위대한 승리의 순간에 심한 굴욕감을 느낄 필요가 있다. 전차 옆에 붙어 있는 죽음의 머리는 영광의 순간에 마부가 숙명적으로 진 빚을 우려하고 있음을 일깨워 준다. 또 해골 옆에는 거해궁(게자리)이 있다. 게는 가장 겸손하고 표면에 나서지 않는 동물 중 하나이다. 게는 뻔뻔스럽지 않고 조심스럽게 자기 갈 길을 간다.

마지막으로 전차를 가게 하는 바퀴가 불교의 윤회(운명의 수레바퀴)라는 것을 주목하라. 수레바퀴에 탄 사람은 세상의 큰 틀 속에서 자신의 위치가 진정으로 어디인지 알아야 한다. 규율 의식과 책임 능력을 갖고 있어야 하고, 자기가 몰고 있는 부서지기 쉬운 마차가 자기의 의지에 의해서가 아니라 운명에 의해서 앞으로 달려가고 있다는 것을 깨달아야 한다. 이 카드는 7번으로, 이 수는 가장 강력하게 운명 사상을 나타낸다. 알려지지 않은 신비한 힘이 삶에 작용하고 있다. 즐거운 마음으로 그것들에 굴복하고 당신의 길을 계속해서 가라.

🍎 상황 인식

승리하기 위해서는 조절의 고삐를 틀어쥐고 놓치지 말아야 한다. 자연의 힘을 빌려 당신이 추구하는 것을 얻어라. 지금 이 순간 당신은 감정에 신경쓸 여유가 없다. 오로지 목표에만 전념하라. 그러나 세상에 대한 두려움을 없애기 위해 스스로 만든 보호 마스크를 벗어버려야만 당신은 삶의 도전에 맞서면서 성장할 수 있다.

VIII.욕 망(Desire)

　과거에 이 카드는 강력함·힘·욕정으로 불렸다. 실제로 그런 속성을 갖고 있다. 그러나 전체적으로 이 트럼프에 가장 적합한 개념은 욕망이다. 이 카드에서 욕망은 순수한 욕망 그 자체이다. 표출되거나 억누른 것이 아니라, 자신과 욕망간의 관계에 대한 미묘한 본질 그 자체를 가리킨다.

　이런 관계의 한 측면은 '삶에 대한 욕정'과, 욕망이 실현된 데서 얻는 즐거움, 완전하고도 정력적인 삶에 대한 순수한 사랑이다. 수피족 루미(Rumi)[52]는 "맛을 모르면 알지도 못한다"라고 말했다. 이것은 모든 종류의 경험을 해보지 않고는 그것을 극복하거나, 그것으로부터 자유로워질 수 없다는 것을 의미한다. 욕망으로부터 자유로워지는 것은 이 카드에 표현된 또 다른 면이다. 욕망과의 복잡한 관계를 이 카드가 상징한다.

　핵심 인물은 어린 소녀이다. 그녀는 몽고의 불교 문화에 나오는

---

52) 터키의 유명한 시인이자 신비주의자.

시야마 타라(Siyama Tara)에 기초해 있다. 그녀는 처음으로 청춘의 빛을 발하고 있다. 그녀의 모든 미래가 그녀 앞에 펼쳐져 있다. 그녀는 눈뜨는 욕망의 원천이다. 그러나 그녀는 고요하다. 아직까지 억압적이거나 표출적이지 않는다. 그녀 뒤에는 세 명의 부처가 있다. 흰색 부처는 바이로카나(Vairocana)[53]로서, 무지를 깨치는 부처다. 녹색 부처는 아모가시디(Amogasidi)로서 악의를 없애는 부처다. 빨간 부처는 아미타불(Amitabha)[54]로 욕정을 억누르는 부처다. 그들에게는 더 이상 욕망의 세계가 없다.

그녀의 앞에는 7개의 '차크라' 즉 에너지 센터가 있다. 이것은 그녀의 왕관 또는 '사하스라라 차크라'에 있는, 꽃잎이 많이 달린 꽃에서 절정을 이룬다. 이 차크라들은 권력, 힘, 욕망과 관련된다. 자신의 에너지 센터(차크라)가 강해짐에 따라 개인의 힘이 강해지지만, 그렇게 되면 역설적이게도 욕망도 점점 더 커진다. 자신의 저급한 본능을 스스로 억제하고, 에너지를 분산시키지 않는 것이 신중한 처신이라는 것을 쉽게 이해할 수 있다.

하지만 사자는 거부할 수 없는 동물적 본능을 대표한다. 그래서 이런 사자를 길들이거나 통제하는 것은 복잡 미묘한 과제이다. 우리는 사자의 동굴에 사는 다니엘(Daniel)의 이야기가 강조하는 의미를 이해하기 시작한다. 물론 사자는 외향적 속성의 순수한 태양 에너지와 엄청난 계시 능력을 갖고 있는 사자궁을 대표한다.

마지막으로 우리는 사자가 책 위에 발을 올려놓고 서있는 것을 보게 된다. 이 책은 <계시록>이다. 이 책 속에서 유대 부족을 대표하는 사자는 7개의 봉인을 뜯고 성서를 펼 권리를 얻었다. 그렇게 함으로써 사자는 양이 되었고, 7개의 봉인은 사실상 7개의 차크라가 되었다. 이것들은 사자의 동물적 본능과, 고상한 본성, 또 이를 길들이는데서 핵심적이다.

---

53) 산스크리트어로, 부처의 여러 모습 가운데 하나에 붙여진 이름.
54) '무한한 빛의 부처'라는 뜻.

과소 평가하지 말라. 이것은 자신과 욕망의 관계에 관한 것이다. 욕망이 얼마나 많이 표출되고 통제되는가는 개인의 양심 문제이다. 그러나 여기에는 엄청난 잠재력이 있다. 점괘에 이 카드가 나오면, 적절하고도 신중한 결정을 내리기 위해서는 주변의 다른 카드와 이 카드 사이에 관계를 주의해서 볼 필요가 있다.

🍎 상황 인식

숭고한 것과 세속적인 것이 대립하면 의식적으로 용기와 인내가 균형을 이룰 수 있다. 두려움을 갖게 되더라도 침착하게 사랑으로 행동한다면, 당신은 몸과 마음이 일치된 진정한 힘을 얻을 것이다. 지금 당장은 육체적 힘이 정신적 힘과 결합하지 않았다. 육체적 힘만으로는 얻을 수 없는 것을 온화함을 통해 이룰 것이다.

IX. 은둔자(The Hermit)

IX. The Hermit

　　은둔자(隱者:Hermit)는 신중함, 세속적인 것과의 결별, 자기 계발, 독립, 고립(외로움과는 다름)을 나타낸다. 그는 자신의 내면적 빛으로 탐구하고, 그 빛은 이 카드에서 램프로 표현되었다. 그는 왼손에 램프를 들고 있는데, 왼쪽은 직관을 나타낸다.

　　이성적 측면을 나타내는 그의 오른손은 뱀을 잡고, 그것을 통제하는 듯한 모습을 보이고 있다. 그러나 실제로는 그 뱀을 살짝 건드리거나 달래는 것일 수 있다. 이 그림에서는 은둔자의 오른손이 핵심적이며, 촉감의 중요성을 강조한다. 이 카드는 촉감과 자기와의 관계에 대한 것이다. 내면적 특성을 발견하기 위해 세상 잡사를 의도적으로 멀리하는 것이다. 이런 상태의 과거 사례나 본보기는 불교의 해탈과, 황야에 고립된 예수의 모습에서 발견할 수 있다. 인간이 신의 도구이듯이, 손은 인간의 도구이다. 손은 만들고 파괴하고, 잡고 놓아줄 수 있다. 여기서 손이 '잡고' 있는 것은 이해한다는 것을 나타낸다. 쿤달리니(Kundalini) 뱀의 저급한 본능을 점잖게 통제함으로써 이해나 지혜를 얻을 수 있다.

자연히 금욕적인 생각이 여기에 암시되어 있다. 그러나 이것은 억압적인 금욕이 아니다. 대신 그것은 성적인 에너지가 표출되는 방향을 돌려놓음으로써 자연스럽게 격리하게 만드는 것이다. 난자는 임신과 동면, 새로운 자아의 형성을 상징적으로 나타낸다. 정자가 난자로 돌아가는 것이 상징하듯이, 자기 자신의 정액만으로 수정할 수 있다. 뱀과 난자는 지혜와 불멸의 상징이다. 하지만 생명력 없는 지혜는 무의미하다. 따라서 기(氣) 순환이 강력하고도 자기 만족적으로 이루어지도록 해야 한다. 이렇게 하면 이 기는 긴장하지 않고 자연스럽게 의식이 흐르도록 활력을 북돋워줄 것이다.

정자의 머리 부분은 처녀궁(처녀 자리)을 보여준다. 처녀궁은 흙의 궁으로, 황도 12궁 가운데서 가장 풍요롭다. 여기서는 처녀궁이 정신적 질서를 수립하고 물질적 세계를 지배할 수 있는 능력을 갖고 있다는 점을 분명히 볼 수 있다. 역설적이게도, 물질적 영역을 지배한 사람은 세속적인 문제들을 훨씬 더 쉽게 멀리할 수 있다.

9라는 숫자는 한 자리 수로서는 마지막 수이다. 이것은 새로운 시작을 하기 전의 동면 상태를 나타낸다.

이 카드의 다른 이름은 신비한 빛이다. 가장 강하게 암시하고 있는 개념은 지혜, 격리, 은신처, 솔선수범, 내면적 계발, 독립, 정신적 탐구 같은 것들이다.

🍎 상황 인식

해답을 얻기 위해 당신 바깥으로 눈을 돌릴 필요가 없다. 내면의 빛에 시선을 돌리고, 그것을 따를 때이다. 자기 반성만이 자기 향상을 불러올 것이다. 신중하게 생각하면 일이 해결될 것이다. 인생 경험이 풍부한 사람이 당신을 도우려고 나타날 수도 있다. 답이 즉각 드러나지는 않는다. 신중해야 한다.

X. 운명의 수레바퀴 (The Wheel of Fortune)

X. The Wheel of Fortune

　이 카드의 상징과 개념은 복잡하고 설명하기 어렵다. 그러나 여기서 전반적으로 강조하는 의미는 분명히 이해할 수 있다. 모든 것은 돌고 도는 것이며, 모든 것은 변하고, 어떤 것도 영원히 똑같은 자리에 머물러 있지 않다는 것이다. 인간은 운명의 변화에 좌우된다. 비록 이것이 우연히 일어나는 것은 아닐지라도, 우리는 우리 자신의 운명에 책임이 있다.

　이 카드의 그림은 학습에 관한 장면이다. 세속적인 것이 아니라 정신적인 부와 빈곤에 관한 장면이다. 이 카드는 일반적으로 피의 순환까지 포함하는 순환 운동을 지배하는 목성의 지배를 받는다. 목성은 자비롭고 관대하다. 운명은 장기적으로 행운쪽이다. 운명은 완전한 인간으로 성장·발전하는데 필요한 경험을 우리에게 제공하고 우리를 지원해 주는 일을 하고 있다. 운명의 수레바퀴는 일반적으로 길조이다.

　수레바퀴의 중앙에는 목성을 나타내는 상형문자가 있고, 마찬가지로 항상 지켜보는 눈이 있다. 어떤 사람의 운명도 그냥 지나치는 법이 없다. 그러나 중앙에는 운동도 없고, 부침도 없다. 이것은 바라보는 눈도 마찬가지이다. 위와 아래에서 일어나는 원심력 효과는, 힘차게 굴러가는 수레바퀴의 끝에 매달린 사람이 편협하고도 주관적인 관점에서 기쁨과 고통을 바라본다는 것을 나타낸다. 달리 말해서 중앙은 객관적이고, 가운데 있는 사람은 부침을 거듭하면서도 편견에서 벗어나 한층 객관적인 시각을 갖게 된다.

피조물 셋이 수레바퀴 주위를 돌아간다. 이것들은 세 가지 힘에 대응한다. 많은 고대 전통에 따르면, 이 힘들이 상호작용을 일으켜 우주를 끊임없이 운동하게 만든다. 인도 철학은 세 '구나'(Gunas)에 관해 얘기한다. 사트바 구나(Sattva Guna)[55]는 절묘하고 순수하고 정제된 인식 쪽으로 이동한다. 타마 구나(Tama Guna)는 거칠고 조잡한 인식과 저급한 본능(퇴폐)쪽으로 이동한다. 세 번째 힘은 라자 구나(Raja Guna)로서, 사트라(Sattra)에서 타마(tama)로, 또는 그 반대로 변화하는 순간을 지배하는 에너지이다. 세상의 모든 표현은 이 세 가지 힘 간의 운동 결과 생겨난다. 이것들은 영어로는 'sentient'(지각력 있는), 'static'(정적인), 'mutative'(변화를 나타내는)로 불린다. 그리고 고대 연금술에서는 각각 수은, 소금, 황으로 알려져 있다. 이것들을 표현한 것이 수레바퀴의 살 사이에 있는 세 개의 연금술적 사인들이다.

이 카드에서 보이는 활동적인 피조물은 스핑크스, 호루스(Horus), 타이폰(Typhon)[56]이다. 스핑크스[57]는 더 높은 자아로 나아가는 관문이다. 그리스 신화에서 스핑크스는 여행을 하고 있던 오이디프스를 만나게 되었다. 그때 스핑크스가 던진 수수께끼에는 '인간이

---

55) 산스크리트어로 '순수한'이라는 뜻. 인도의 밀교(密敎)에 따르면, 제각기 판이한 세 구나(guna)가 전체 우주를 구성하는데, 이들 중 가장 영묘한 것이 사트바 구나이고, 가장 조잡한 것이 타마 구나이다.
56) 파괴의 신 세트(Set)의 다른 이름. 고대 이집트의 악마의 일종.
57) 목졸라 죽이는 자. 오시리스에게 질문을 냈다가 그가 풀자 자살함.

여, 너 자신을 알라' 라는 사상이 담겨있다. 자기를 아는 것은 순수하게 고양된 인식으로 들어가기 직전의 마지막 단계이다. 그래서 스핑크스는 가장 순수한 힘, 지각력 있는 사트바 구나(Sattva Guna)를 나타낸다.

타이폰(또는 세트)과 호루스(Horus)의 전설은 갈등하는 두 신의 얘기이다. 세트는 거칠고 어두운 모든 것들(Tama Guna)을 대표한다. 입에서 불을 뿜는 괴물은 여러 가지 모습을 취할 수 있지만, 이 카드에 보이는 괴물은 반은 악어, 반은 뱀으로 삼지창을 휘두르고 있다. 복수자인 호루스는 세트를 살해한 사람이다. 유럽에서는 용을 살해한 성 조지(St. George) 신화가 비슷하다. 이것이 우리에게 들려주는 것은, 변화하는 에너지(Horus/Raja Guna)가 해야 할 일은 나태함과 조잡함의 어둡고 정적인 힘을 끊임없이 좌절시키고, 이것들과 싸우는 것이다. 호루스는 항상 경계 태세를 취하고 있고, 순수한 스핑크스와 수레바퀴를 보호하고 있다.

대각선 모퉁이에는 두 개의 펼쳐진 손이 있다. 운명의 카드에서 사람들은 손금에 있는 운명을 읽는 수상술을 나타낸다고 생각할 것이다. 그러나 그보다는 이 두 손이 합쳐져서, 인도의 신들에게서 흔히 볼 수 있는 제스추어인 바라바야 무드라(varabhaya mudra)[58]의 이미지를 제시하고 있다. 왼쪽 위에 있는 오른손은 보호하는 힘과 적극적인 치료 능력을 주고, 오른쪽 아래에 있는 왼손은 육체적·정신적 고통을 제거해준다. 이것이 전체적으로 수레바퀴에 담긴 의도이다. 우리는 수레바퀴의 중심에서 벗어나 있기 때문에 종종 자기 문제의 본질에서도 벗어날 수 있다. 그러나 세 구나가 우리 안에서, 우리를 가르치고 우리를 발전시키기 위해, 우리가 없을 때에도 일하고 있다. 수레바퀴의 중앙으로 이동할수록 우리는 이런 힘들과 더 조화롭게 일하고 운동하게 된다. 그리고 한결 객관

---

58) 산스크리트어로 무드라는 육체적인 활동을 뜻함. 바라바야 무드라는 자비를 베푸는 행동을 가리킴.

적이고 통합된 관점을 가질 수 있게 된다.

🍎 상황 인식

　운명의 수레바퀴가 돌아가는 것은 오는 것이 있으면 가는 것이 있고, 오르막이 있으면 내리막이 있다는 것을 말해준다. 당신은 뿌린 만큼 거둘 것이다. 그러므로 당신이 어떻게 행동하느냐에 따라 바퀴의 꼭대기에 설 것인지 바닥에 설 것인지가 결정된다는 것을 깊이 생각해야 한다. 운명의 지배를 받기 싫으면 당신의 삶과 일에 책임을 져야 한다. 위험을 무릅써야 한다. 전혀 예상치 못한 새로운 기회에도 마음의 문을 열어라.

XI. 업 보(Karma)

전통적으로 이 카드는 정의(正義)라고 불렸다. 이 단어는 서양에서 수세기 전부터 내려온 개념으로, 지금은 법적인 처벌이나 보복을 의미한다. 현재 세계적으로 널리 쓰이는 산스크리트어인 업보(Karma)는 폭넓은 인연을 뜻하고, 이 트럼프에서 전달하려는 사상을 미묘한 뉘앙스까지 훨씬 적절하게 제시해준다. 서로 다른 두 가지 동양적 전통이 이 특별한 그림에서 하나로 합쳐진다. 하나는 영혼을 중시하는 이집트 신비철학이고, 다른 하나는 업보 환생을 강조하는 불교 사상이다.

불교 사상에는 업보 사상이 표현되어 있다. 사람이 의도적으로 하는 행동은 도덕적으로 선할 수도 있고 악할 수도 있다. 이 행동은 '열매'를 맺는다. 그 행위를 하는 사람에게는 정신적 궤적이 남는다. 이것이 운명이다. 열매가 익으면 떨어지듯이, 책임 있는 사람에게는 효과가 미친다. 대부분의 중요한 행동이 열매를 맺는데 필요하다고 생각되는 기간은 자기의 일생보다 길다. 따라서 삶과 죽음과 환생의 끊임없는 순환이 필요하다.

이집트의 <死者의 書>는 죽은 자는 두 개의 진실의 방으로 인도된다고 알려준다. 그의 심장 무게를 저울로 잰 뒤, 마트(Maat)라고 알려진 진실의 깃털 무게와 비교한다. 마트는 또한 법・진실・정의의 여신 이름이다. 따라서 마트는 추상적인 것을 신으로 의인화한 경우이다. 여신 마트는 타조의 깃털을 달고 칼을 차고 경계어린 표정으로 앉아 있다. 만약 심장이 깃털보다 더 무거우면, 죽은 자의 영혼은 유죄로 판단되어 괴물에게 먹힌다. 이 괴물은 변종 동물로서, 완전치 못한 육신으로 환생할 필요가 있다는 불교 사상을 나타낸다.

이 카드의 중심에 앉아 있는 인물이 있다. 불교 전통에 나오는 타라(Taras) 가운데 한 명이다. 업보의 본질은 모든 행동에는 그만한 결과가 따른다는 것을 암시한다. 이것이 균형의 핵심적 속성이다. 타라가 그녀의 용모에 반영되어 있다. 그녀 주변의 모든 이미지도 마찬가지이다. 빛은 어둠이 된다. 태양은 달을 반영한다. 이것이 이집트 용어 '두 개의 진실의 방'을 설명해준다. 타라는 축복을 해주고, 지상에서 벌어지는 모든 일에서 한 사람도 간과되지 않도록 도와준다. 그녀는 모든 것을 보는 수많은 눈을 갖고 있다. 특히 이마에는 깨달음의 눈, 손바닥에는 관용의 눈을 갖고 있다. 이것은 마트 여신이 휘두르는 격리의 차가운 칼과 균형을 이룬다.

점성술적으로 보면 그녀는 사자궁(사자 자리)에 해당한다. 이것은 우리에게 균형 잡힌 마음의 결정이 필요하다는 것을 얘기해준다. 신중하게 행동해야 한다. 무심코 또는 편의에 따라 결정해서는 안된다.

세속적인 수준에서 보자면, 소송 중인 재판과 법률 분쟁에 결론이 나거나 영향을 입게 될 지 모른다. 부정한 감각 때문에 당신 자신의 생각이 흐트러지지 않도록 하고, 당신의 행동이 불성실하지 않도록 하라. 이 때 당신이 기(氣)를 어떻게 '다스리느냐'가 대단히 중요하다. 결정해야 할 일에만 몰두하라. 부정적인 생각은 버려라.

🍎 상황 인식

지금은 다른 사람의 관점을 알 수 있는 이성적인 시기이다. 육체적, 정신적, 감정적 차원에서, 또한 경제적, 법적 문제에서 균형을 이룰 때다. 씨뿌린 것을 거둘 준비를 해야 한다. 정의가 승리할 것이라는 믿음을 가져야 한다. 그리고 정의의 현명하고 공정한 손 안에서 당신이 잘못되었다는 자기학대를 떨쳐버려야 한다.

XII. 매달린 사람 (The Hanged Man)

XII. The Hanged Man

　"마음이 굴복할 때 예언의 목소리가 말한다"는 옛날 격언이 있다. 여기서는 마음이 능력의 한계, 즉 완전한 파국에 이른 상황이다. 매달린 사람의 부제는 '희생'으로, 마음·에고(ego)·자아의 완전한 굴복을 나타낸다. 고상한 명분을 위해 굴복하는 것, 진실 앞에서 자기 자신이 무의미하다는 것과 취약하다는 것을 인정하는 것이다. 용기와 믿음을 갖고 고통스런 시련을 이겨내면 사람은 신비에 가까운 초월 상태에 이르게 된다.

　십자가 밑에 있는 거꾸로 된 삼각형은 구원하기 위해 어둠에 빛을 비추는 것을 상징한다. 고통을 통한 구원과 십자가에 못 박힌 예수 신화가 여기서 처음으로 마음에 와 닿는다. 이 카드에는 예수와 세례 요한과 이스가리옷 유다59)를 하나로 묶는 신비한 삼위일체 사상도 들어 있다. 매달린 사람이 물 위에 걸려 있기 때문에 침

---

59) 이것을 보면 유다 이스카리옷이 성인으로 인정받고 있음을 알 수 있다. 유다가 희생함으로써 그리스도도 자기의 사명을 다할 수 있었다.

례(浸禮)를 시작하는 것이 명백하다. 거꾸로 된 삼각형은 물과 이 카드의 상징으로서, 잠재 의식과 어둠 속에 완전히 빠진 '매달린 사람'을 보여준다. 그러나 그 자신은 빛이고, 감정적으로 어둠과 떨어져 있기 때문에 고통받는다. 이 그림에는 유다의 전설이 담겨 있다. 유다 역시 십자가에 매달렸고, 옷에서 떨어지는 은빛 동전들이 이를 나타낸다. 동전이 물에 떨어진다는 것은 물질적 부와 멀어진다는 것을 나타낸다. 최대한 굴복하는 길을 떠날 필요가 있다.

매달린 사람의 다리는 부자연스럽게 십자가 모양을 하고 있다. 이것은 베일에 가려져 있고, 정신적 극복을 나타내는 티벳 문자 만(卍)을 변형한 것이다. 따라서 분명한 자기 희생 속에도 승리의 씨앗이 있음을 알 수 있다. 그는 '죽은 나무'(교수대)와 살아 있는 나무 사이, 과거와 미래 사이에 매달려 있다. 이제 과거는 그에게 죽은 것이나 마찬가지다. 그는 최대한 굴복한 상태에서 진정으로 현존하는 삶을 살아가고 있다. 동전이 떨어지는 것이 물질적 부를 멀리하는 것을 보여 준다면, 정액은 동물적 본능을 극복할 필요가 있음을 보여준다. 과거에도 사람이 십자가에 매달리게 되면, 죽는 순간에 사정하는 것이 보통이고, 정자가 떨어진 땅에 맨드레익[60]의 뿌리가 뻗어 나가는 것을 볼 수 있다. 맨드레익은 환각 성분이 강한 뿌리이기 때문에, 마녀들이 다른 세상을 경험하기 위해 사용했다. 그러나 여기서 가장 중요한 것은, 맨드레익 뿌리가 사람과 거의 비슷하게 생겼기 때문에, 마녀들이 주재하는 의식(儀式)에서 젊은 사내아이를 희생시키는 것을 상징적으로 나타낼 때 사용되었다. 정자도 이것을 나타낸다. 따라서 희생 개념이 이 카드의 전체 이미지에 스며 있다. 이 카드와 마녀를 연결시키는 또 하나의 이상한 현상은, 마녀를 물 속에 처넣는 '침수 의자'라고 하는 중세 때의 악명 높은 습속이다. 역설적인 것은, 물에 빠진 마녀가 고발당하면

---

60) 지중해 지방에 나는 가지과(科)의 유독 식물. 마취제·하제로 사용.

오히려 그녀가 결백한 것으로 판정받았다는 점이다. 따라서 침례 또는 익사가 정화와 구원으로 인식된다.

교수대에 못 박힌 사람의 위에는 또 다른 희생의 신인 오시리스의 사인이 있다. 이 사인은 한 개의 수직적 막대(하늘로 오르는 나무) 위에 네 개의 수평적 막대(네 가지 요소를 암시)가 있는 것으로 구성되어 있다. 위로 올라서거나 극복하는 것이 이 카드의 핵심적 의미이다. 이 그림을 본 사람들은 본능적으로 아래 위를 뒤집는다.(또는 그들의 오른쪽에 있는 것을 위로 올린다). 이 카드에 담긴 암묵적 메시지는, 많은 문제와 진통, 상실과 희생(외부적 변수에 따른 강요된 희생), 고통에도 불구하고, 거대한 이행 과정이 벌어지고 있다는 것이다. 매달린 사람은 엄청난 정신적 각성을 하게 되는 마지막 순간에 와 있다. 그는 그것에 굴복해야 한다.

🍎 상황 인식

새로운 희망이 필요한 시기이다. 지금은 당신에게 제약이 많은 때인 것 같다. 그러나 마음에서 우러나오는 소리에 귀 기울이기 위해 좀더 자신을 돌아보아야 한다. 어떤 계획에서도 기다림의 시기가 필요하다. 순교자가 되려고 하지 말라. 그렇다고 희생을 두려워해서도 안된다. 기꺼이 변화된 환경에 적응해야 한다. 무기력하고 틀에 갇혀 있으며 무엇인가에 가로막혀 있다고 생각한다면 스스로 박차고 일어나야 한다.

XIII. 죽 음 (Death)

XIII. Death

죽음은 사람들에게 대부분 극도의 공포감을 안겨준다. 수천 년 동안 신비한 가르침과 종교적 교리는 죽음이 다른 세상이긴 하지만 새로운 환생 또는 천국으로 향하는 문에 불과하다고 주장했다. 인도의 고대 서적들, 이집트의 <死者의 書>, 티벳의 <死者의 書>, 그밖에 다른 책들은 육체적 죽음이 전혀 앞날을 알 수 없는 새로운 여행의 시작일 뿐이라는 사상에 매달린다. 죽음에 대한 두려움 -미지의 초월적인 것- 은 진리나 진실에 기초해 있다기보다는 사회적 조건과 정신적 관습에 더 기초해 있다. 거의 모든 기록들은 죽음에 가까이 가 본 경험을 한 것을 축복할 만한 사건, 살아 있다는 것을 확인하는 긍정적인 사건으로 기술하고 있다. 이처럼 엄청난 변화를 경험하는 것은, 인생에 오랫동안 어두운 그림자를 드리우기보다는, 성실하고 질적인 삶을 추구하도록 만드는 게 확실하다. 돈주앙(Don Juan)은 카스타네다(Castaneda)[61]에게 친구이자

---

61) 미국의 샤머니즘과 마술에 관한 시리즈물인 <돈쥬앙의 가르침들>의 저자.

조언자로서 죽음을 생각해보라고 말했다. 그의 마음에 죽음을 심어주기 위해서가 아니라, 자신의 개인적인 힘과 중요성을 바탕으로 친구의 행동을 바로잡는데 죽음을 이용하려 했던 것이다.

이 카드는 당신을 과거에 묶어 두는 것을 없애는 것과 관련된다. 습관의 죽음, '옛날 자아'의 죽음과 관련된다. 즉 삶에서 환상적이거나 피상적인 부분들을 없애고, '개성'의 제한된 특성들을 일깨우는 것이다. 개성의 가면을 벗어 던지는 것은 거의 육체적 죽음 그 자체만큼이나 심각하고도 엄청난 변화이다.

해골은 정신적 교사로서 죽음의 사상과 일치하고, 목사의 옷을 걸치고 있다. 그는 대사제와 마찬가지로 교훈적이고 동시에 동정적이다. 빨간 옷은 생명의 피이다. 십자가는 부활이 아직 이루어지지 않았지만 임박했음을 나타낸다. 하나는 자랑하기 위해서 아래에다 놓았고, 다른 하나는 채우기 위해서 비워두었다. 십자가는 또 이전 트럼프인 XII. '십자가에 매달린 사람'에서부터 죽음이 자연스럽게 발전해 온 것임을 보여준다.

죽음을 나타내는 옷에는 새 개의 검정 색 원이 있고, 이것이 삼위일체를 상징한다. 여기서는 연금술에 나오는 전갈, 뱀, 독수리 모습을 띤다.

☞ 전갈은 육신의 죽음을 나타낸다. 왜냐하면 그것은 위협받으면 자발적으로 자기 자신의 목숨을 끊는다고 전해지기 때문이다. 자기 주위에 불이 나서 자기 쪽으로 타 들어올 때가 대표적이다.

☞ 뱀이 파도처럼 꾸불대면서 가는 모습은, 번갈아가며 수축·확장하는 삶과 죽음의 사이클 속성을 강조한다. 뱀은 변화의 대리인이다. 이것은 쿤달리니(Kundalini) 뱀의 에너지가 삶의 에너지를 차크라스(chakras)로 변화시키는 것에서 알 수 있다.

☞ 독수리는 육신의 죽음에 대한 영혼의 최종적 승리를 나타낸다.

전갈은 삼위일체의 기본으로서, 전갈궁(전갈 자리)이 이 카드를 지배한다. 이것은 강한 성적 함의를 담고 있는 복합적인 사인이다. 전갈은 생식 기관을 지배한다. 성적인 행위를 하는 것은 그 자체가 죽음을 경험하는 것과 같다. 자기 자신만의 '나'라는 느낌을 다른 사람과 합치거나 잃어버린다. 이전 카드인 '매달린 사람'이 죽으면서 사정하는 것을 보여주었다면, 이 카드는 사정하는 순간에 죽음을 경험한다는 내용을 담고 있다.

검정 태양은 부패를 상징한다. 부패는 원래의 잠재된 씨앗이 최종적인 삶의 형태로 현실화되는 것을 나타낸다. 태양을 나타내는 이 검은색 덩어리는 금빛으로서 핏빛 광채의 정수를 담고 있다. 그러나 아직 표현되지 않았고 변형되지도 않았다.

큰 낫은 실제로는 달이다. 기우는 하현달이다. 이것은 수확하는 달로서, 죽을 때에는 살면서 자기가 행한 것을 거두게 된다. 이 카드는 음력으로 따질 때 1년 중 마지막인 13번째 달처럼, 13번째 카드이다. 숫자점에서 13은 4로 줄어든다. 우리가 네 번째 트럼프에서 보았듯이, 4는 조직과 구조의 숫자이다. 따라서 현상적으로 죽음에 따른 혼란은 사실상 세상의 질서와 구조를 만드는 자연의 본모습이다. 반쯤 가라앉은 머리 셋은 모두 체계적이고 질서 정연한 분해와 변화의 다른 단계에 있다.

이 카드에 나오는 이미지를 해석할 때는, 격하고도 때로는 외부에 상처를 주는 변화를 강조할 필요가 있다. 긍정적인 변화마저도 시스템에는 충격일 수 있다. 따라서 조정기가 필요하다. 변화를 거부하는 것이 아마도 더 많은 상처를 줄 것이다. 가질 필요가 없는 것에 매달려야 하는가? 사상에? 관계에? 물질적인 상황에? 살아 있을 때와 마찬가지로, 이 카드(죽음)의 핵심도 이동과 변화이다. 이 카드는 보다 완전한 생활을 하고 싶은 고상한 열망 때문에 넘치는 욕망을 버리는 것을 가리킨다.

🍎 상황 인식

커다란 변화가 일어나려 하고 있다. 변화에 저항하려 한다면, 그것은 고통스러운 변화가 될 것이다. 불행하게 결말이 난다면, 그냥 그렇게 내버려두어야 한다. 사소하고도 불필요한 것들은 무시하고 본질적인 것만을 구해야 한다. 새롭고 소중한 길을 드러내려면 낡은 틀을 깨부수어야 한다. 변화나 떠남을 두려워하지 말아야 한다. 당신은 죽음을 두려워하고 있다. 죽음이 당신의 즐거운 인생을 방해하기 전에 죽음에 맞서야 한다.

XIV. 시 간(Time)

　전통적으로 이 카드는 '절제'(Temperence)라고 불렸다. 동사 'temper'(화를 누그러뜨리다)의 어원은 그리스어이다. 반면 시간을 나타내는 라틴어는 'tempo'이다. 두 개념 모두 측정과 관련되어 있다. 여기서는 자연의 정교함과 우주의 시간을 재는 완벽한 시계가 핵심 주제이다. 자궁에 있는 아기는 최소한의 시간이 필요하다. 자연의 완전함을 갖추기 위해서는 정확히 9개월이 지나야 한다. 시간은 인생의 모든 것과 관련되어 있고, 사상의 출현과도 관계가 깊다. 이것은 적절한 시간이 모든 창조적 행위의 전부이자 핵심이라는 것을 우리에게 말해준다.

　네 가지 요소, 즉 태양(불), 하늘(공기) 땅, 물이 모두 조화를 이룬다. 이런 요소들을 조화롭게 섞어서 천상의 완전함을 획득하는 것이 연금술의 과제이다. 연금술에서 완전한 인간에 대한 사상은 흔히 운동 선수의 몸과 따오기(몸 안에서 일어나는 마음을 고양시킨 것)의 머리 모양을 하고 있다. 이집트 신화에 나오는 토드

(Thoth)[62]는 시간의 신이자 아카식(Akashic)[63] 기록의 보호자이다. 그는 치료사들의 보호자이자, 허브 치료법과 약용 식물의 지배자로서, 따오기의 머리를 갖고 있는 것으로 묘사되었다. 그는 이집트의 헤르메스(Hermes)에 대응된다.

토드는 남성 신이지만, 여기 나오는 시간의 천사는 자웅동체이고, 여성적 측면을 더 많이 강조한다. 여성적 에너지가 치료의 토대를 이루기 때문에, 이 인물의 발은 흙과 물의 여성적 요소를 이중적으로 갖고 있다. 연금술적인 액체가 컵에서 컵으로 이동한다. 이것은 자궁을 상징한다. 두 개의 컵은 과거와 미래이고, 두 컵 사이에 현재가 흐른다. 이것은 두 개의 모래 시계 용기로 볼 수 있다. 시간은 천천히 한 곳에서 다른 곳으로 흐른다.

피라미드는 오랜 시간에 걸쳐 영혼이 진화하는 것을 나타낸다. 이것은 시간을 정복한 자를 죽음을 초월한 곳으로 데려가는 사실상의 '타임머신'처럼 설계되었다. 작은 피라미드에는 두 개의 상형문자가 있다. 하나는 십자가로서, 네 가지 요소의 균형 뿐 아니라, 시간과 공간을 뛰어넘는 것을 나타낸다. 다른 하나는 인마궁(궁수자리)의 사인으로서, 시간·속도·이동에 대한 인식과 화살 같이 변덕스런 시간의 특성을 나타낸다.

인생에서 시간은 거대한 수수께끼와 같다. 따라서 점괘에서 이것은 고정하기 힘든 카드이다. 사람은 시간에 주의를 기울여야 하고, 적절한 시간이 되면 자연스럽게 자기를 표현하는 자연의 패턴을 알아야 한다. 창조 과정에서 시간이 중요하다는 것을 알고 있어야 한다. 여기서 핵심 단어는 적응, 타이밍, 동요, 치료이다.

---

62) 지혜의 신. 이집트 신화에 나오는 오시리스와 그의 아내인 이시스의 충실한 동반자.
63) 산스크리트어로서, 인간의 행동과 사상은 아무리 사소한 것일지라도 모두 기록된다는 사상을 담고 있다.

🍎 상황 인식

당신의 계획이 얼마나 원대한지, 얼마나 훌륭한지는 문제가 아니다. 미래의 보물 상자를 푸는 열쇠는 인내와 시간이다. 당신이 자연법칙과 조화를 이루는 한, 당신은 실험해 볼 수 있을 것이다. 공정해야 하고, 아울러 자비를 행해야 한다. 담금질한 강철처럼, 당신의 결심은 더 굳건하고 확고해질 것이다.

ⅩⅤ. 악 마(The Devil)

악마에 대한 개념은 너무 복잡해서 잘못 이해되고 있다. 그는 원래 천상에서 빛의 신이었고, 쌍둥이 형제였다. 그의 직함은 산스크리트어로 데바(Deva), 라틴어로 데우스(Deus)로서 분명히 신과 연결되어 있다. 가부장적 종교는 옛날 신들 가운데 일부에게 천상에서의 지위를 유지하도록 했지만, 나머지 신들은 천상 밖으로 내쫓아 '악마'로 만들었다. 그러나 악마라고 해도 기본적으로 개인을 보호하는 자비로운 기능을 갖고 있다. 여기서 우리는 악마의 진정한 의미를 밝힐 것이다. 그는 전적으로 '소아(小我)', '에고(ego)' 작은 나' 또는 개성과 동일시된다. 남들을 포용하는 더 큰 자아를 느끼는 우리 안의 일부와는 반대된다. 악마는 작은 '나'를 보호한다.

불완전성과 질병이 우리를 서로 분리하고 차별화한다. 에고는 이같은 분리와 개성에 기초해 있다. 에고를 부추기는 것은 불완전성을 부추기는 것이다. 악마는 에고의 승리자이기 때문에, 결코 기뻐할 수 없고 부도덕하고 사악하다고 여겨진다. 어둠의 왕자인 셈이다. 그는 우리를 보호해주기 위해서 우리의 어두운 잠재 의식 속에 '나'라는 느낌을 위협하는 모든 것을 배치한다.

신의 힘은 인간이 기술할 수 없다. 오르가즘을 경험해 본 사람은 그 힘이 얼마나 강력한지 안다. 에고가 지배하는 세계에서는 성욕이 아주 중요한 역할을 한다. 자기 만족과 개인적 필요 같은 생각에서도 성욕이 핵심적이다. 예컨대 악마의 이미지에서 생식기관은 그림의 정 중앙에 위치한다. 에고와 마찬가지로 성적 충동이 인간 보존에 중요하다. 그러나 그것이 보편적인 삶에서 멀어지게 되면, 조잡해지고 강박관념에 사로잡힐 수 있다. 이것이 바로 자신의 남근을 닮은 횃불을 들고 있는 악마가, 점괘에서는 연인들(Lovers)과 쉽게 결합하지 못하는 이유이다. 이 둘은 많은 것을 공유하고 있지만(예컨대 연인들의 숫자는 6이고, 악마는 15(1+5=6)이다), 악마는 고정된 것, 타락하기 쉬운 염문과 부합한다. 이 그림에서 족쇄에 묶인 사람들은 연인들이다. 족쇄가 이 카드의 다른 중요한 측면, 즉 노예 상태를 표현한다.

자신의 내면적인 어둠, 수치심과 대결해야 한다. 그렇게 하지 않으면 그것들이 극복하기 힘든 족쇄와 제약이 된다. 악마는 육신과 한 몸이 됨으로써 사물에 묶이게 된다. 그 방법은 문자 그대로 '화신'(육신으로 환생하는 것)일 수도 있고, 출산일 수도 있다. 심한 경우에는 정액을 만들어 우리를 다시 성적 영역으로 데려갈 수도 있다. 역설적이게도 인간의 마음에는 속박으로부터 자신을 해방시킬 수 있는 모든 것이 포함되어 있다. 즉, 남들의 시중을 들고, 기도하고, 자기를 버리고, 명상에 잠기고, 자비로운 영혼을 가질 수 있는 능력을 갖고 있다. 우리가 다른 짐승과 구별되는 것은 자아의식 때문이다. 그러나 악마는 원 안에 서 있다. 마치 자기 개성의 거품 안에 갇혀 있는 것처럼.

카나나이츠(Canaanites)는 베엘즈버브(Beelzebub)[64]를 파리대왕이라고 불렀다. 개인적 영혼이 한 몸에서 다른 몸으로 바뀌는 도중에 파리의 모습을 띤다고 여겨졌다. 그리고 여성이 파리를 삼켰을 때, 파리는 그녀 안에서 구체적인 모습을 갖추기 시작하는 태아의 영혼이라고 여겨졌다.

핵심적으로 이 카드는 자아를 계발하고 자신의 개인적 욕구에 주의를 기울이면서도, 지나치게 에고의 가면과 동일해지지 않도록 적당히 균형을 찾는 것과 관련된다.

🍎 상황 인식

당신이 만족할 만큼의 물질적인 부를 필요로 한다면, 당신은 그 사실을 깨닫게 되는 것을 두려워하고 공허감을 느껴야 한다. 당신은 물질적 관심을 정신적 관심으로 바꾸어야 한다. 당신은 세상을 제대로 믿지 못하기 때문에 얽매여 있다. 그러나 당신은 이런 믿음을 바꿀 힘을 갖고 있다. 당신 내면에 존재하는 상상력과 확신, 자연법칙을 따르는 행위가 그렇게 해줄 것이다. 속임수에 의존해서는 안 된다.

---

64) 악마의 옛 이름. 아시아의 마이너(Minor)에서 유래했다.

XVI. 탑 (The Tower)

　수세기 동안 인간은 탑과 높은 건축물을 세워왔다. 때로는 천상에 도달하려는 시도였고, 신에게 바치는 것이기도 했다. 자기 자신과, 자기가 위대하다는 인식, 번영을 기원하는 것이기도 했다. 탑은 거대한 것에 대한 우리의 열망·환상을 나타낸다. 천둥과 번개에 의해 벼락맞은 탑의 이미지는, 우리가 지식을 향해 나아갈 때 우리의 모든 환상이 깨질 수 있다는 것을 말해준다. 우리가 세우는 모든 것, 신과 우쭐함은 일시적인 것이다. 모든 것은 사라지고, 남는 것은 우리 안에 있는 정수 뿐이다. 심지어 우리 자신의 몸(여기서는 사원으로 표현했다)도 시간이 흐르면서 완전히 변한다. 따라서 이 물질 세계에는 우리가 진정으로 우쭐해하고 의지할 수 있는 것이 하나도 없다.

　이 특별한 그림에서 시바신(파괴의 신)은 탑에 벼락을 때렸다. 이 탑이 즉시 산산조각 날 정도로 약해지지는 않았다. 이것은 우리가 물질적 환상에 집착하는 것에 대한 경고이자, 체제에 대한 충격일 것이다. 우리가 전에 갖고 있던 것을 모두 파괴할 필요는 없다. 여기서 시바신은 사실상 시바(Shiva)와 루드라(Rudra)[65]의 합성물이다. 루드라는 베네딕트 수도회에서 폭풍우의 신이었고, 그의 특성은 천둥과 번개였다. 그러나 마지막에는 시바신과 완전히 한 몸이 되었다. 그는 존경받기보다는 두려움의 대상이 되었다. 우파니샤드 철학에 따르면, 세계가 해체되어도 영향받지 않는 것은 루드라 뿐이다. 전통적으로 루드라의 색깔은 화성 색깔인 빨간색이다. 물질적인 힘과 불의 에너지를 갖고 있는 행성인 화성이 이 카드를 지배한다.

시바신은 삼위일체의 일부로서, 브라마·비시누에 이어 세 번째 신이다. 그는 타락시키고 조잡하게 만드는 것을 파괴하고, 보다 창조적인 과정을 시작하도록 정리해 주는 파괴 행위를 한다. 그의 세 번째 눈이 열리는 날 세계가 종말을 고할 것이라고 전해진다. 세 번째 눈은 그의 이마에 수직으로 자리잡고 있다. 하늘을 향해 남근처럼 생긴 탑을 세우려는 충동은, 야망과 물질주의가 남성적으로 결합한 것을 전형적으로 표현한 것이다. 남성을 상징하는 뱀이 이것을 나타낸다. 신화에 따르면, 시바신은 이단자들이 자기를 죽이기 위해 보낸 독사를 길들였다. 동물과 성적인 욕망의 세계가 중화되고, 조잡한 남성적 충동이 극복된다. 풀어준 비둘기가 탑 꼭대기에서 구원받은 모습을 하고 있다. 이것은 전반적인 사물의 구도 속에서 보다 여성적인 충동이 올바른 위치로 끌어올려질 필요가 있음을 강조한다.

탑 위의 하늘에는 산스크리트어로 된 글귀가 있다. 그것은 어려움을 덜기 위해 루드라처럼 격노한 신에게 보내는 탄원서이다. 그

---

65) 폭풍의 신. 포효하고 고함치는 신. 비록 사납게 생기고 끔찍한 무기들로 무장하고 있지만, 인간에게는 늘 자비롭고 온화하다. 인간을 보호해주는 친절하고 사랑스런 아버지이자, 모든 인간의 병을 치료할 수 있는 수천 가지 약들을 갖고 있는 내과 의사다.

러나 한 몸이 된 루드라/시바신은 모든 호소에 무관심하다. 그는 집착이 없고 감정이 없다. 필요하면 벼락을 때린다. 환상을 타파해야 하는 것이다. 건물 바닥에 있는 채소가 처음으로 뻗어 나가는 것은, 이것이 자연스런 과정이고, 사람이 걸어야 할 전반적인 성장의 길이라는 것을 암시한다.

비록 외부 세계가 축하 분위기에 휩싸이고 즐거워도, 제단과 사원, 신에게 바칠 탑을 세울 진정한 장소는 내면이라는 것을 기억하는 게 중요하다.

🍎 상황 인식

억눌린 것은 해방되어야 한다. 그렇지 않으면 모든 일을 어렵게 만드는 반전이 일어날 것이다. 극적인 전환이 일어나 기존의 사고 패턴이 바뀌게 될 것이다. 이런 변화는 피할 수도 있고, 그렇지 못할 수도 있다. 그러나 낡고 잘못된 가치는 폭발하는 것이 더 낫다. 물질적인 것만을 믿는 것은 재앙을 낳을 수 있다. 오직 정신만이 영원하기 때문이다.

XVII. 별(The Star)

별(Star)은 메이저 카드이다. 바로 앞 카드인 탑(Tower)이 파괴적인 속성을 갖고 있는 반면, 이 카드는 희망·영감·회복에 대한 기대감·쇄신 등으로 가득 차 있다. 감정의 세계에서 희망이 샘솟는다. 이 카드는 대양에 둘러싸인 여인의 모습으로 형상화되어 있다.

그녀는 물을 붓고 있다. 두 개의 용기를 갖고 있는데, 하나로는 자기 몸에 물을 붓고, 다른 하나로는 대양으로 물을 퍼낸다. 이것은 명상의 과정이다. 이것은 그녀 자신과 소아(小我)와의 일치, 우주적 자아, 바다와의 합일을 보여준다. 그녀는 타인과의 관계, 더 큰 세계 의식과의 유대 관계에 대해 알고 있다.

점성술적으로 그녀는 물을 담고 있는 보병궁(물병 자리)이다. 보병궁이 갖고 있는 계획의 일부는 실행에 옮기기 어렵지만, 대단한 비전을 갖고 있다. 이것은 보병궁이 지배하는 다른 카드, 예컨대 스워드 네이브(Knave of Swords)에서도 볼 수 있다. 그러나 여기서는 보병궁의 가장 긍정적인 측면이 우세하다. 보병궁은 가장 우쭐한 모습으로 묘사되어 있고, 인간적 속성과 치료 능력, 앞날을 내다보는 능력으로 가득 차 있다. 앞을 내다보는 능력은, 고상한 목적에 관해 명상하는 것에서 찾아볼 수 있고, 공중에 떠있는 커다란 아치형 '바람'으로 표현되어 있다. 이 창문이 목표 그 자체, 미래의 비전과 같은 별을 만든다. 그리고 그것은 도달 가능한 목표이다. 작은 진주 같은 것이 물결 밑에 숨어 있는데, 이것이 보병궁의 상징이다. 이것은 계획이 구체화되고, 생각이 분명해지고, 비밀이 알려지는 것 자체를 나타낸다.

창문 앞에는 아르테미스(Artemis)의 상이 서 있다. 때때로 아르테미스는 헌트레스(Huntress ; 자기의 목적을 추구하는 여인)라고 알려져 있는데, 이것은 이시스(Isis)에서 문화적으로 발전해온 것이다. 그리고 아시아에서는 마이너(Minor)가 별의 여신으로 알려져 있다. 그녀는 큰 곰자리와 관련되어 있다. 이것은 '커다란 국자' 또는 '쟁기' 모양의 7개 성운이다. 고대 사회의 모계 전통에 따르면, 이것은 7명의 여승들이 한 여신을 방문하는 것을 나타낸다. 쟁기(7명의 여승)이 북극성(여신)을 가리키고, 밤 하늘의 한복판을 차지한다.

전설에 따르면 아르테미스는 많은 젖가슴을 갖고 있다. 이 젖가슴은 미래를 위해 무엇인가를 준비하고 비전을 기른다는 생각과 관련되어 있는 것 같다. 몸에 물을 붓는 여인의 모습에서 젖가슴을 분명히 볼 수 있다. 젖가슴처럼 컵도 볼 수 있다. 별이 들어있는 창문의 원호는 젖가슴과 젖꼭지를 나타내는 상징적인 그림이다.

이 카드는 아주 긍정적이고 자비로운 카드이다. 이것은 정신적인 사랑과 건강에 빛을 비추어 준다. 이것이 바로 금성의 특성 두 가지이다. 별 자체는 7각별 두 개로 구성되어 있다. 금성의 속성을 이중으로 갖고 있는 셈이다. 그것은 평화·신뢰 회복·희열·새 희망을 나타낸다.

● 상황 인식

기분을 전환하고 재충전할 시기를 가져야 한다. 즐거운 인생이야기의 주인공이 되어 보자. 지금은 순수하게 기쁜 생각을 하고, 적당히 흥분할 때이다. 당신이 좋아하는 생각에 자양분을 주는 생각을 하라. 무엇이 인생에 유익하고 기쁨이 되는 것인지 유의하면서, 잠시 부정적인 생각을 피하라. 예술 활동을 하거나 감상함으로써 당신의 창조적인 충동을 표현하는 것은 중요한 일이다.

XVIII. 달 (The Moon)

XVIII. The Moon

　달은 타로 트럼프의 순서상 18번째이다. 숫자점에서는 이것이 9로 줄어든다. 9는 隱者(Hermit)의 수이다. 두 트럼프 간에는 얼핏 보아서는 알기 힘든 유사한 점이 일부 있다. 두 카드는 모두 고독, 취약해질 가능성, 남의 도움에 기대지 않고 스스로 위대한 힘을 갖추어야 할 필요성과 관련된다. 달(Moon)의 경우, 이런 개인적 힘을 갖추지 못하면 신뢰받지 못하는 위기를 초래할 지 모른다. 예상치 못한 문제가 생길 수 있고, 혼란이 생기고, 분위기도 계속 변한다. 달과 이전 카드인 여승(Priestess)과 연계시키는 것이 중요하다. 여승은 달의 지배를 받는다. 여승의 메시지는 꿈에 귀 기울이고, 잠재의식에서 정보를 얻는 것이다. 자기 자신의 가장 깊숙한 내면에 있는 직관에 다가감으로써 위기를 극복하는 식이다.

　이 카드는 물고기 자리인 쌍어궁의 지배를 받는다. 순서상 황도 십이궁의 마지막 궁으로, 춥고 어두운 겨울의 마지막 국면을 예고한다. 물고기 문양 자체는 함께 합쳐진 두 개의 달과 같다. 깊은 물 속처럼 이동하기가 쉽지 않다. 그러나 이것은 어둠의 끝이 임박했음을 가리킨다. 순서상 이 뒤에 나오는 트럼프는 태양의 밝은 빛이고 계시의 불이다. 달은 잠재의식으로 나아가기 위한 통로인 셈이다.

여기서 우리가 보는 통로는 자수정으로 되어 있다. 자수정은 정신을 집중시키고 외부 환경에 매혹당하지 않도록 하는 부적으로 쓰인다. 자수정으로 된 통로 양쪽에는 두 명의 인물이 있다. 한 명은 걱정을 나타낸다. 그는 딱딱하게 굳어 있고, 자기 앞에 있는 둥근 달에서 벗어나기 위해 노력한다. 다른 사람은 광기를 나타낸다. 광기는 달을 무서워한다. 그녀가 쓰고 있는 깔때기처럼 생긴 모자는 정신적 질병이 머리 꼭대기에 있는 숫구멍[66]을 통해 들어왔다 나간다는 중세 때 생각을 반영한다. 이것은 광기를 치료하는 방법으로 두개골에 구멍을 내는 습속으로 발전했고, 이런 습속이 20세기에도 남아 있다. '모자로 쓰이는 깔때기'는 미쳤다는 것을 나타내는 원형적 상징이다. 걱정과 광기는 잠재의식 속으로 들어가는 여행자에게는 금물이다.

쌍어궁의 물고기는 앞마당에서 게와 헤엄친다. 게는 물에서 나와서 뭍으로 기어오르는 동물이다. 이것은 마치 꿈이나 깊숙한 기억에서 나와 잠재의식을 흔들어 깨우는 것 같은 이미지를 강하게 풍긴다.

이처럼 혼란스러운 달빛 이미지의 가운데에는 자칼[67] 신 아누비스(Anubis)가 평화롭게 앉아 있다. 그는 여왕의 동료이자, 여기에서 의지할 수 있는 유일한 존재이다. 그는 속이지 않는다. 이 위험한 여정을 안전하게 끝마치려면 여신, 즉 자아의 가장 깊숙한 뿌리에 가까이 다가가라고 우리에게 귀뜸해준다. 초의식 수준에서는 난관을 막아주고 이를 이겨내도록 안내해 준다. 잠재의식 수준에서는

---

66) 태아나 유아의 두개골 사이에 있는 구멍.
67) 개과의 포유동물. 인도 아프리카 등지에 분포.

건강이 악화하지 않도록 우리를 보호해준다. 세속적인 수준에서는 이동이나 여행을 가리킨다. 아누비스는 힘들이지 않고 육지·바다·항공 여행을 한다. 그는 가장 어두운 곳에서 최상의 안내자이다.

마지막으로 성(聖) 투구풍뎅이[68]의 모습이 수정으로 된 문의 구석에 새겨져 있다. 이 동물은 이 카드가 우리에게 말해줄 수 있는 모든 내용을 담고 있다. 이집트 전설에 따르면, 이 곤충은 공처럼 둥근 똥 안에 알을 낳은 뒤 28일간(음력 한 달) 내버려둔다. 29일째 되는 날 이 곤충이 물에 똥을 던지면, 태양의 온기를 받으면서 알이 부화한다. 이 때문에 이집트인들은 이 곤충을 태양신으로 떠받든다. 이것이 진정으로 말하고자 하는 것은 어둠에서 빛으로의 여행이다. 달에는 위험과 어려움이 따르지만, 이 여정을 반드시 거쳐야 한다. 이 여정의 목적지인 정신적 보답을 얻게 될 것이다.

이 카드는 몸으로 알게 되는 것, 꿈, 깊은 잠에서 얻는 메시지에 관한 것이다. 그러나 여정 도중에 '잠들어 버릴' 위험성도 있다. 지금은 중요한 검증의 시간이다. 내면에서 들려오는 조용한 음성에 귀 기울이고, 강한 믿음을 갖고 여정을 끝마쳐야 한다.

🍎 상황 인식

지금은 새벽이 오기 전의 어둠이다. 당신은 환상과 실재를 분리해야 한다. 길이 무섭고 못 미더울지라도, 당신은 미지의 것을 두려워해서는 안 된다. 직관은 숨겨진 기회로 당신을 이끌어갈 것이

---

68) 고대 이집트 사람이 신성시함.

다. 앞으로 도전하기 위해 힘을 비축해야 한다. 걱정하느라고 힘을 낭비해서는 안 된다는 것을 기억해야 한다.

XIX. 태 양(The Sun)

　　태양은 자아가 만개하고, 정신이 다시 소생하는 것을 나타낸다. 앞 카드인 달(Moon)에서는 자아가 어둠 속에 있었는데, 이 카드에서는 자신이 작고 보잘 것 없다는 진실을 깨닫는다. 그럼에도 태양은 자아를 일깨워주고, 내적으로 무한한 정신적 가치를 제공해 준다. 원자핵에서 힘과 활력이 솟아나는 것처럼, 진정한 자아가 자기 자신의 정수에서 솟아 나온다.

　　여기에 나오는 네 명의 악사는 서로 조화를 이루고 있다. 이것은 마치 자아의 제각기 다른 부분들이 조화를 이루어 완전한 하나의 통합된 개성을 만들어 내는 것과 같다. 능숙한 사람은 자기 자신과 일체가 된다. 하지만 아직 완전하게 해방된 것은 아니다. 통로는 인간이 진보하는데 있어서 육체적인 한계를 지니고 있음을 나타낸다. 이것은 개성을 한데 합친 집단 지능(Collective Intelligence)으로, 앞에 나온 인물들에서도 경험했던 것이다.

　　대양신 라(Ra)는 자신이 직접 정교하게 도안하고 제작한 바지선을 타고 천계를 가로질러 가기 때문에 시간의 신으로 알려지게 되었다. 그는 한 시간마다 다른 동물 모습으로 탈바꿈한 것으로 전해진다. Ra가 지나가는 통로 밑에 앉아 있는 악사들은 호루스(Horus)의 네 아들이다. 따라서 그들은 창조 신화에 나오는 태양신들이다. 그들은 또 소아(小我)가 머무는 육신을 보호하는 사람들이다. 사람의 머리를 갖고 있는 것은 이스멧(Ismet)이고, 매의 머리는 퀘베세누프(Qebehsenuf), 자칼의 머리는 두아무테프(Duamutef), 원숭이 머리는 하피(Hapy)이다. 그들은 진정으로 조화와 균형을 이루는 네 요소, 즉 물·공기·불·흙에 각각 대응한다. 음악적 은유는 그리스 우주 철학에서 유래했고, 그 안에서는 아폴로가 태양신이자 음악의 신이기도 하다.

Ra의 통로를 떠받치고 있는 삼각형의 맨 위에 있는 8각 별은 바빌로니아의 태양신 상징이다. 그러나 태양이 이글거릴 수도 있지만 보이지 않을 수도 있듯이, 지나치게 몰입하면 소아(小我)나 개성도 볼 수 없게 된다. 지금은 이기적으로 생각할 때가 아니다. 이 카드는 명확함, 낙관적인 믿음, 앞날에 대한 전망과 비전을 나타낸다. 현재의 수준에서 소아가 우주적 자아로 나아가는 통로 앞에 있다는 것은 축복이다. 다음에는 무용수(Dancer)가 보여주는 계시가 이어질 것이다.

🍎 상황 인식

모든 것에 햇살이 비치고 밝아질 것이다. 사랑, 우정, 그리고 온갖 관계가 밝게 빛난다. 지금은 새로운 예술 활동과 사랑을 깨닫기 위해 태양의 활동적 창조 능력을 모방할 때이다. 모든 것을 볼 수 있도록 빛을 비추는 지도자가 되라. 역동적이고 고무적이고 영향력 있는 지도자가 되라. 당신이 누구이고 무엇을 했는지를 온 세상에 보여 주라. 만나는 모든 사람이 당신의 온기를 느낄 수 있도록 자신을 표현하라.

XX. 계 시 (The Revelation)

전통적으로 이 트럼프는 '심판', 또는 '최후의 심판'으로 불려졌다. 그리고 여기서는 '계시'라는 이름이 붙었다. 그것이 최후의 심판과 <계시록>을 연결시켜 주기 때문이다. 그러나 더 중요한 것은 남성이나 여성이 자기 자신들을 판단·평가한다는 생각이다. 외부에 있는 전지전능한 존재가 판단하는 것이 아니라, 내적인 것의 실현, 즉 내부로부터의 계시이다.

세 명의 천사는 인간이 이처럼 중요한 것을 실현할 수 있도록 해주는 힘을 상징한다. 다른 카드에서도 숫자 3과 7이 강조되었다. 3배법은 끊임없이 변화하는 우주 안에 있는 자연의 모든 힘들에 침투한다(운명의 수레바퀴를 보라). 모든 수준에서 자연의 사이클을 지배하는 7배법과, 이것이 인간의 내면에 어떻게 연결되는지가, <계시록>과 마찬가지로 이 카드에서도 표현되어 있다.

오른 쪽에 있는 천사는 초승달 모양의 낫을 들고 있다. 이것은 잠재의식적인 인식을 나타낸다. 낫은 또 수확할 때가 되었음을 나타낸다. 지금은 천사들이 설정해 놓은 과거의 행동과 이에 대한 반발에 직면할 때이다. 왼쪽에 있는 천사는 사람의 일생을 기록해 놓은 책을 펼쳐 놓고 있다. 가운데 있는 천사는 트럼펫을 분다. '옴느카라'(omnkara) 소리가 나는데, 첫 번째 소리가 현세(現世)가 되었다. 이제 그 소리는 균형을 회복할 때까지 음파가 평탄해질 것이다. 우리는 자신의 인생을 평가하고, 빼먹은 것을 보충하고 넘치는 것을 버리려고 노력한다.

7배법이 이 카드에 분명히 나타나 있다. 무지개가 가운데 있다. 이 무지개는 천사들 위에 있는 아치형 문에도 반영되어 있다. 7배법이 위와 아래에 영향을 미친다는 암시다. 7각별이 7개여서 49라는 숫자가 나오는데, 티벳의 <死者의 書>에 따르면 49는 죽은 영혼이 중음(中陰)[69]에서 보내는 날 들이다. 죽은 자는 중음에서 다음 세상에 환생하기 전에 자신의 한평생을 평가하고 판단하게 된다. 우리가 이승에서 살면서 도전을 통해 발전해 온 것을 객관적으로 보려면 끊임없는 자기 평가의 과정이 필요하다. 어떤 기간에 대해서는 그 필요성이 특히 더 커지게 된다. 이 카드는 자기 인식이 더 많이 필요한 기간을 우리에게 예고하거나 경고해준다.

계시 카드는 불의 속성을 갖고 있다. 모세는 불타는 숲을 보면서 계시를 받았다. 그림 밑에는 한 인물이 자기를 희생시켜 가면서 화염에 휩싸인 채 앉아 있다. 그는 아마도 열반의 경지에 들어가 있는 수도승일 것이다. 그는 자신의 모든 물질적 삶을 벗어버리고 순수한 정신 세계로 들어가고 있다. 그가 앉아 있는 형태는 불의 문양인 삼각형과 비슷하다. 불꽃 모양도 그렇고, 그가 천사의 영역에 들어설 때 그를 둘러싼 인물들의 모양도 그렇다. 천사가 된 그의 날개 모양에 암시가 있다. 이 카드는 불을 지배하기 때문에, 물을 지배하는 12번째 트럼프 '매달린 사람'과 균형을 이룬다. 두 카드

---

69) 죽은 영혼이 잠시 머무르는 곳.

모두 더 고상한 목적을 위해 자신을 희생하는 것을 나타낸다. 무덤에 있는 십자가와 천사의 깃발에 그려진 십자가는 - 희생은 빨간색, 순수는 흰색 - 매달린 사람에 나오는 십자가를 인정한다. 이 요소들이 균형을 이루고 있다. 마치 천사의 트럼펫이 균형을 회복하고, 타로 카드의 마지막 트럼프를 예고해주는 것처럼.

지금은 자신의 관점을 바꾸고 새로운 흐름을 시작할 때이다. 아이를 출산하거나 어려운 일이 최종 단계에 들어갈 때이다. 무엇보다도 이 카드에 고유한 것은, 과거에 기초한 평가, 즉 자기 자신과 지나온 인생 행로를 재평가한다는 생각이다.

🍎 상황 인식

당신의 내면 깊숙한 곳에서 지금은 중요한 변화가 필요한 때라는 외침이 나오고 있다. 당신이 세상사를 얼마나 이해하는지와 상관없이, 당신은 과거의 행위를 평가하고 당신이 누구이며 궁극적 목표가 무엇인지 더 잘 파악해야 한다. 당신은 변화의 필요성을 인정하기 싫을 것이다. 그러나 당신의 정신이 요구하는 것에 귀를 기울여야 한다. 당신은 당신이다. 살기 위해서 무엇을 하는 그런 존재가 아니다.

XXI. 우 주(The Universe)

XXI. The Universe

마지막 트럼프는 무용수를 보여준다. 그는 자신의 우주적 춤에 몰입한 나머지 소용돌이치듯 돌아가는 수도승으로, 천체가 완벽한 궤도를 그리며 돌고 있는 우주의 중심에 있다. 완전함이 이 카드의 핵심 단어이다. 이 카드는 한 과정을 완성하는 것, 또는 목적을 최종적으로 달성하는 것과 관련된다. 무용수 주위를 도는 행성들 가운데 가장 눈에 띄는 것이 토성이다. 토성은 목적을 달성하기 위해 인생에 설정해 둔 구조와 야망을 억누르는 것을 나타낸다. 여기서는 야망이 최대한 억제되어 있다. 목표를 이룰 때가 되었다. 일이 끝나가는 마지막 굳히기 단계라는 느낌을 준다.

소용돌이치듯 춤추는 수도승은 태양 주위를 돌아가는 행성들의 이동을 나타낸다. 7개의 차크라(chakras)와 7배법에 대응하는 7개의 신성한 행성들이 수도승의 내면적, 정신적 생활에 영향을 미친다. 이 춤은 정신을 잃고 황홀경에 빠져서 관능적으로 추는 춤이 아니다. 반대로 이것은 도달하기 힘든 평정과 고요함을 느낄 때까지 깨달음에 집중하는 것과 관련된다. 그는 혼돈에서 고요함으로 이동한다. 이것은 광대(Fool)의 여정과 반대된다. 광대와 우주(Universe)는 둘 다 쌍둥이다. 광대는 고요 속에서 폭발하고, 갑자기 예상치 못한 사건들을 터뜨린다. 우주의 중심에서 돌아가는 수도승은 혼돈의 세계에서 침묵의 순간으로 돌아온다.

여러 요소들이 지금 균형을 이루고 있다. 이 요소들은 웬드, 컵, 스워드, 디스크 조에 있는 광대의 가방에 담겨 있다. 지금 이것들이 네 가지 고정된 황도궁에 완벽하게 표현되어 있다. 이것들이 수도승 주위의 우주 그림에 들어 있다. 불은 사자궁의 사자 모양을 하고 있다. 물 또는 전갈궁은 가장 발전된 우쭐한 모습을 하고 있다. 이것은 XIII. '독수리'(Eagle)에 설명되어 있다. 보병궁은 사람으로, 공기의 요소를 나타낸다. 별들의 음악을 이끈다. 광대는 플루트를 불면서 숨을 내쉰다. 그러나 보병궁을 나타내는 인물은 7개의 신성한 행성과 조화를 이루면서 일곱 줄로 된 하프를 연주한다. 마지막으로 흙의 요소는 황소 자리인 금우궁이 대표한다.

무용수는 광대와 마찬가지로 문을 통과한다. 여기서는 둥근 모양을 하고 있는데, 부분적으로 풀의 숫자인 0을 암시하고, 부분적으로는 난자를 암시한다. 새로운 사이클의 탄생이 임박해 있다. 마찬가지로 이 사이클이 끝나가고 있다. 정신은 균형감과 완벽함을 느낀다. 우주 의식이 자아 의식과 잠재 의식을 최종적으로 결합한다. 이것이 양과 음, 남성과 여성으로 불려왔다. 이 카드에서 무용수가 가끔씩 자웅동체라고 불리는 것도 그 때문이다. 이 수도승은 분명히 남자다. 그러나 중요한 것은 그가 수도승이 입는 전통적 스커트를 완벽하게 갖추어 입었다는 것이다. 이 여자 옷이 가리키는 것은, 가부장적 사회에서 우리가 행사하는 힘은 핵심적으로 여성적인 힘이라는 것이다. 이런 생각은 오랜 역사를 통해 전세계 다른 문화에서도 대부분 발견할 수 있다. 예컨대 최초의 무당도 여자의 옷을 입었다. 지금은 사라진 모계 문화의 정신적 힘을 인정하는 것이다.

오늘날 대주교들도 길게 흘러내리는 옷을 입는다. 심지어 프리메이슨단70)처럼 아주 남성적인 세계에서도 성기를 가리는 앞치마가 상징이고, 이것이 양성(兩性)을 암시한다.

따라서 이 모든 요소들이 균형을 이루면, 움직일 필요가 없어진다. 불균형 상태에 있는 요소들을 끊임없이 조정하고 질서를 유지하기 위해 움직이는 것이기 때문이다. 움직임이 없는 곳은 고요하다. 그런 고요함 속에서 무용수는 우주의 한가운데서 천천히 돌고 있다.

점괘에 이것이 나타나면 대길할 운세다. 프로젝트가 완성되고, 보상과 성공이 이루어진다. 오랫동안 노력했던 일이 이루어질 때다. 목적을 이루는 순간에, 새로운 목적의 씨앗을 뿌려야 한다. 이것이 한계를 초월하고 여행을 끝마치는데서 핵심적으로 중요하다. 끝내는 것만이 아니라 새로 시작하는 것이다.

🍎 상황 인식

당신은 살아가면서 배운 기술과 오랫동안 갈망했던 내면의 조화를 일치시키고 서로 균형을 이루게 함으로써 진정한 성공을 이루었다. 이런 상황에서 세상은 당신의 것이 될 수 있다. 그러려면 열심히 일해야 하겠지만, 물질적 보상과 마음의 평화를 보장받을 수 있다. 필요한 지식을 얻기 전에, 먼저 인생 전체의 맥락에서 당신의 인생을 보아야 한다.

---

70) 회원간의 우애와 상호 부조를 목적으로 하는 조직.

譯者 後記

가끔씩 해외로 출장을 가면 반드시 대형 서점의 신간 코너를 찾는다. 외국의 학술 잡지를 뒤적일 때에도 신간 소개란을 유심히 본다. 그러다 눈에 띄는 책을 찾으면 우리말로 번역해보고 싶다는 생각을 하곤 한다. 그러나 언제나 마음뿐, 실제로 번역을 시작해본 적이 한번도 없었다. 매번 사온 책을 읽기도 쉽지 않았기 때문이다.

그런 점에서 이 책의 번역은 정말 엉뚱한 일이 아닐 수 없다. 타로에 관해 아는 것도 없었고, 번역·출판할 생각은 더더욱 없었기 때문이다. 좋아하는 선배의 글쓰기를 도와주기 위해 번역을 시작했는데, 이것이 출판되어 '번역자'라는 명칭까지 얻었으니 우연치고도 요상한 우연이 아닐 수 없다.

이 책을 번역하기가 쉽지는 않았다. 이 책은 특히 기독교·불교·힌두교·조로아스터교는 물론이고, 점성술·연금술·숫자점·신비철학 등 동서양의 신화와 철학을 망라하고 있기 때문에, 개념을 파악하는 데서부터 벽에 부딪쳤다. 고대 종교와 신화를 설명한 다양한 책들을 참조했고, 그리고도 부족한 부분은 네덜란드 암스테르담에 있는 저자의 신세를 졌다. 지구의 반대편에서 자기 책이 번역된다는 것이 신기했던지, 저자인 막스웰 밀러(Maxwell Miller)는 "언제쯤 책이 나오느냐, 도와줄 것이 무엇이냐"며 호의를 보였다. 그러나 그는 팩스나 E-mail같은 문명의 이기에는 익숙하지 않았기에, 중간에서 발레리(Valerie) 라는 분이 많은 도움을 주었다. 얼굴

한 번 보지 못했지만, 수시로 교신한 탓에 서로에게 친밀감을 느끼게 되었고, 나중엔 번역과 무관한 정보까지 나누는 사이가 되었다.

번역을 하고 난 뒤 내가 얻은 소득은, 한동안 잊고 지냈던 '삶' '꿈' '선택' 같은 단어들을 다시 떠올리게 되었다는 점이다. 우리는 살아가면서 수많은 선택을 한다. 어떤 길을 선택했느냐에 따라 결과가 달라진다. 어떤 사람은 어린 시절의 꿈을 현실로 만들고, 어떤 사람은 꿈을 잊은 채 엉뚱하게 살아간다. 선택에 따른 '빛'과 '그림자'가 국제통화기금(IMF) 관리체제에 들어선 뒤에는 더욱 극명해졌다.

물론 선택이 개인의 의지대로 되는 것은 아니다. 물려받은 재산과 재능이 얼마냐에 따라 선택의 범위가 달라지고, 그에 따라 인생도 달라진다. 그렇다고 스스로 개척할 수 있는 여지가 전혀 없는 것은 아니다. 주어진 한계 내에서 어떻게 선택하고 노력하느냐에 따라 인생은 얼마든지 달라질 수 있다. 분명한 것은, 얼마나 노력하느냐보다 중요한 것이 어떻게 선택하느냐 라는 점이다.

이 책의 의미도 거기서 찾고 싶다. 단순히 '점치는 책'으로 사용할 수도 있겠지만, 인생을 살아가면서 올바른 선택을 하는데 도움받을 수 있는 책으로 활용되었으면 하는 것이 나의 바램이다.

이 책을 처음 소개하고, 국제저작권 계약을 통해 출판을 맡아준 당그래출판사 이춘호 사장님, 역자의 질문에 친절하게 대답해준 막스웰 밀러와 발레리에게 깊이 감사드린다. 그밖에도 음으로 양으로 많은 도움을 주는 주위 사람들에게 감사드리고, 내가 근무하고 있는 〈시사저널〉 식구들에게 특히 감사와 격려의 말씀을 올린다. 그들은 날카로우면서도 항상 따뜻한 마음을 잃지 않았다. 마지막으로 힘들 때에도 웃음을 잃지 않는 아내 현주와, 성희·정윤에게 사랑한다는 말을 전한다.

유니버설 타로 카드

막스웰 밀러 지음 / 박재권 옮김

초판 1쇄 발행일 1999년 3월 1일
초판 13쇄 발행일 2020년 2월 19일

펴낸이 | 이 춘 호
편집인 | 이 지 용

펴낸곳 | **당그래출판사**

출판등록일(번호) | 1989년 7월 7일(제301-2005-219호)
주소 | 우편번호 04627 서울시 중구 퇴계로 32길 34-5 1층
전화 | (02) 2272-6603
팩스 | (02) 2272-6604
homepage | www.dangre.co.kr
e-mail | dangre@dangre.co.kr

값 30,000 (책과 유니버설 타로카드 74장을 포함한 가격)

ⓒ Maxwell Miller. Printed in Korea, 1999.

이 책은 국제저작권 계약에 의해 보호를 받습니다. 따라서 당그래출판사로부터
서면으로 허락을 받지 않고는 내용의 일부 혹은 카드 그림을 어떠한 형태로든 사용할 수 없습니다.